中华文化风采录

美好生活品质

南尊的武当

徐雯茜 编著

北方妇女儿童出版社

·长春·

图书在版编目(CIP)数据

　　南尊的武当 / 徐雯茜编著. —长春：北方妇女
儿童出版社，2017.5（2022.8重印）
　　（美好生活品质）
　　ISBN 978-7-5585-1085-4

　　Ⅰ．①南… Ⅱ．①徐… Ⅲ．①武当太极拳－介
绍 Ⅳ．①G852.11

　　中国版本图书馆CIP数据核字(2017)第103410号

南尊的武当

NANZUN DE WUDANG

出 版 人	师晓晖	
责任编辑	吴　桐	
开　　本	700mm×1000mm　1/16	
印　　张	6	
字　　数	85千字	
版　　次	2017年5月第1版	
印　　次	2022年8月第3次印刷	
印　　刷	永清县晔盛亚胶印有限公司	
出　　版	北方妇女儿童出版社	
发　　行	北方妇女儿童出版社	
地　　址	长春市福祉大路5788号	
电　　话	总编办：0431-81629600	
定　　价	36.00元	

习近平总书记说："提高国家文化软实力，要努力展示中华文化独特魅力。在5000多年文明发展进程中，中华民族创造了博大精深的灿烂文化，要使中华民族最基本的文化基因与当代文化相适应、与现代社会相协调，以人们喜闻乐见、具有广泛参与性的方式推广开来，把跨越时空、超越国度、富有永恒魅力、具有当代价值的文化精神弘扬起来，把继承传统优秀文化又弘扬时代精神、立足本国又面向世界的当代中国文化创新成果传播出去。"

为此，党和政府十分重视优秀的先进的文化建设，特别是随着经济的腾飞，提出了中华文化伟大复兴的号召。当然，要实现中华文化伟大复兴，首先要站在传统文化前沿，薪火相传，一脉相承，弘扬和发展5000多年来优秀的、光明的、先进的、科学的、文明的和自豪的文化，融合古今中外一切文化精华，构建具有中国特色的现代民族文化，向世界和未来展示中华民族具有独特魅力的文化风采。

中华文化就是中华民族及其祖先所创造的、为中华民族世世代代所继承发展的、具有鲜明民族特色而内涵博大精深的优良传统文化，历史十分悠久，流传非常广泛，在世界上拥有巨大的影响力，是世界上唯一绵延不绝而从没中断的古老文化，并始终充满了生机与活力。

浩浩历史长河，熊熊文明薪火，中华文化源远流长，滚滚黄河、滔滔长江是最直接的源头，这两大文化浪涛经过千百年冲刷洗礼和不断交流、融合以及沉淀，最终形成了求同存异、兼收并蓄的辉煌灿烂的中华文明。

中华文化曾是东方文化的摇篮，也是推动整个世界始终发展的动力。早在500年前，中华文化催生了欧洲文艺复兴运动和地理大发现。在200年前，中华文化推动了欧洲启蒙运动和现代思想。中国四大发明先后传到西方，对于促进西方工业社会形成和发展曾起到了重要作用。中国文化最具博大性和包容性，所以世界各国都已经掀起中国文化热。

中华文化的力量，已经深深熔铸到我们的生命力、创造力和凝聚力中，是我们民族的基因。中华民族的精神，也已深深根植于绵延数千年的优秀文化传统之中，是我们的精神家园。但是，当我们为中华文化而自豪时，也要正视其在近代衰微的历史。相对于5000年的灿烂文化来说，这仅仅是短暂的低潮，是喷薄前的力量积聚。

中国文化博大精深，是中华各族人民5000多年来创造、传承下来的物质文明和精神文明的总和，其内容包罗万象，浩若星汉，具有很强的文化纵深感，蕴含丰富的宝藏。传承和弘扬优秀民族文化传统，保护民族文化遗产，已经受到社会各界重视。这不但对中华民族复兴大业具有深远意义，而且对人类文化多样性保护也有重要贡献。

特别是我国经过伟大的改革开放，已经开始崛起与复兴。但文化是立国之根，大国崛起最终体现在文化的繁荣发展上。特别是当今我国走大国和平崛起之路的过程，必然也是我国文化实现伟大复兴的过程。随着中国文化的软实力增强，能够有力加快我们融入世界的步伐，推动我们为人类进步做出更大贡献。

为此，在有关部门和专家指导下，我们搜集、整理了大量古今资料和最新研究成果，特别编撰了本套图书。主要包括传统建筑艺术、千秋圣殿奇观、历来古景风采、古老历史遗产、昔日瑰宝工艺、绝美自然风景、丰富民俗文化、美好生活品质、国粹书画魅力、浩瀚经典宝库等，充分显示了中华民族厚重的文化底蕴和强大的民族凝聚力，具有极强的系统性、广博性和规模性。

本套图书全景展现，包罗万象；故事讲述，语言通俗；图文并茂，形象直观；古风古雅，格调温馨，具有很强的可读性、欣赏性和知识性，能够让广大读者全面触摸和感受中国文化的内涵与魅力，增强民族自尊心和文化自豪感，并能很好地继承和弘扬中国文化，创造未来中国特色的先进民族文化，引领中华民族走向伟大复兴，在未来世界的舞台上，在中华复兴的绚丽之梦里，展现出龙飞凤舞的独特魅力。

创立功夫——内家拳法

流派纷呈——各显异彩

继承完善——发扬光大

内家拳法

在明洪武年间，道教五大分支之一麻衣派传人火龙真人的弟子张三丰来到中南道教圣地武当山，在展旗峰结草为庐，修炼武功。

张三丰在武当山根据道家的太极八卦原理及阴阳调和学说修炼数年，创立了以太极拳、形意拳、八卦掌为主体的内家拳法，形成了武当功夫的雏形。

明永乐年间，张三丰的弟子大力弘扬道教精神，引起了明王朝的重视，促使朝廷投入巨大人力物力重建武当道观，使武当山功夫进一步得到发扬光大。

张三丰历尽艰辛拜真师

张三丰画像

那是明洪武初年，即公元1368年，有一个仙风道骨、龟形鹤背、形貌奇特的道人来到道教名山武当山。此时的武当道观因遭受多年的战争摧残，四处都是残垣断壁，山上著名的五龙宫、南岩宫和紫霄宫已被战火焚毁了。

看着眼前的荒凉景象，道人长叹了一口气，他攀到天柱峰拜过真武大帝，又来到展旗峰北陲盖了一座草庐，到山上拔了一些干草，就坐到草庵练起功来。这位道人名叫张三丰。

张三丰，俗名叫张子冲，又名全一、君宝，字君实，祖籍江西龙虎山，于南宋淳祐丁未年，即1247年出生于辽东懿州（今辽宁阜新东北）。

张三丰自幼聪敏颖悟，骨器非

凡。但是，他在5岁那年突然双目失明，经多方求医都没有治好。当时，全真龙门派碧落宫主持云庵道长知道此事，特意上门要求收他为徒，并保证治好他的眼睛。

家人没有办法，为了孩子的前程，只好同意道长的请求。云庵道长携其出家后，一面给幼年的张三丰医治眼疾，一面以道学相授。

半年之后，张三丰的眼疾就被云庵道长医好了。在道学方面，张三丰聪颖灵慧，过目成诵，尤其一读起太极方面的著作，更是废寝忘食。他有空时，还兼读儒释两家之书。七八年后，他通读了道教"十三经"，以及"四书五经"等儒学经典和诸多佛学经典。

张三丰得到云庵道长真传后，便奉师命回家了。1261年，他参加乡试夺魁，人们皆视其为神童，认为他的前途不可限量。但是，张三丰自幼便深结道缘，不慕名利，立志不于宦海中沉浮。不久，他便继续出家修道，云游寻访名师高人。

张三丰30岁这年，他来到崂山明霞洞后山的洞中潜心修行了十余年，参悟了一些道学之法后，又继续西行和南游寻师。他浪迹天涯，历尽艰辛，为的就是能遇到真正的道门名师为他指点迷津。

■ 张三丰雕像

儒学 儒家学说，或称儒教，是我国古代最有影响的学派。儒学是中华法系的法理基础，对我国以及东方文明的意识形态发生过重大影响并持续至今，儒家思想是东亚地区的基本文化信仰。儒学最初指的是冠婚丧祭时的司仪，自春秋起指由孔子创立，后来逐步发展成以仁为核心的思想体系。

■ 云庵道长和张三丰

南尊的武当

簪 即发簪，是指用来固定和装饰头发的一种首饰。《辞海》里有这样的解释：簪，古人用来插定发髻或连冠于发的一种长针，后来专指妇女插髻的首饰。发簪式样十分丰富，主要变化多集中在簪首，有各种各样的形状，如花鸟鱼虫、飞禽走兽等，常见的花种有梅花、莲花、菊花、桃花、牡丹花和芙蓉花等。

在若干年后，张三丰已经年过花甲，仍然没有寻找到心目中的高师。他抑郁地回到碧落宫拜见云庵道长，云庵道长此时已经九十高龄，须眉皆白了。

云庵道长见高徒的到来，微笑着点点头说："为师就知道你会来的。你先在这里住几天，然后我再为你推荐一个去处。"

看着高徒渴望的目光，云庵道长接着说："我有一个师弟在宝鸡金台观当住持，你可以到那里去继续修行。"

张三丰在云庵道长处住了几天，便动身前去金台观了。在临别时，云庵道长从头上取下竹簪，为弟子挽好头发并别上，然后洒泪而别。走过燕赵大地，越过天堑黄河，穿过八百里秦川，张三丰来到了陕西宝鸡金台观。

在元末时期，金台观的住持叫王云鹤，号玄清，是全真道派祖师王重阳传人。他白须盈尺，道骨仙风，学识渊博，特别精通周易八卦。

张三丰向玄清住持学道，深得教益。张三丰自幼年就拜云庵道长为师曾学静功，这时他结合静功又糅合易经八卦，演创新的功法进行修炼。然而创新并非易事，几年下来，静功和八卦始终糅合不到一块儿。

有一天，张三丰正在演练这套功法时，忽然一个穿戴肮脏的道人来到面前，大笑着说："万物生于机缘，万事成于机缘，机缘到事半功倍，机缘未到事倍功半。"

张三丰一惊，见这个道人黄发黄须，尖嘴猴腮，其貌不扬，说出话来却蕴含玄机。他连忙收功迎上去

住持 佛教僧职，又称"方丈""住职"。原是久住护持佛法的意思，是负责掌管一个寺院的僧人。据说佛教传入我国后的几百年间只有师徒之间以佛法相授受，并无住持一职，直到唐代，禅宗兴盛，门徒众多，百丈怀海禅师即开始设立住持，以维持寺院秩序。后道教亦采用此制，指道教宫观负责人。

创立功夫

内家拳法

■ 张三丰讲道图

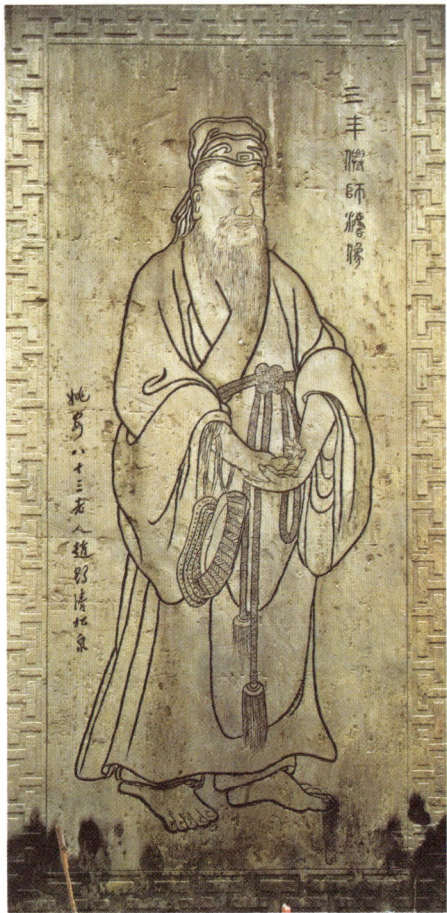

张三丰石刻像

南尊的武当

匾额 是古建筑的必然组成部分，相当于古建筑的眼睛。匾额中的"匾"字古也作"扁"字。是悬挂于门屏上作装饰之用，反映建筑物名称和性质，表达人们义理、情感之类的文学艺术形式即为匾额。但也有一种说法认为，横着的叫匾，竖着的叫额。

施礼说道："请仙长明示。"

那道人却一手环抱胸前，一手甩向身后，飞快地走了。

张三丰明白，人外有人，天外有天。于是，他征得恩师王云鹤的同意，外出访问名师了。

张三丰来到陕西终南山，这里山高林密，在树木掩映处有座庙观。张三丰细看庙门口的匾额上写着"火龙观"三字，里面飘出香烟，传出阵阵仙音。他大步向火龙观走去，一位黄头发黄胡须的老道迎了出来，见了张三丰哈哈大笑。张三丰细看正是上次说"机缘"的那位道人。

原来这位道人就是火龙真人。火龙真人在这火龙观修炼了90余年，很想收一个关门弟子，他遍游天下，寻访高足，终于上个月在金台观访到了张三丰。火龙真人见他相貌清奇，颇有道缘，便决意收张三丰为徒。

火龙真人为麻衣道人陈希夷（陈抟）的弟子。陈希夷是麻衣的传人，麻衣道者，姓李，名和，生于北宋年代，河南南阳内乡人，是麻衣派的始祖。

麻衣派为道教的宿土、麻衣、众阁、全真、茅山五个分支之一，张三丰想要学习的正是麻衣道教的三教同一学说和内丹炼养思想。

火龙真人收下张三丰为徒，又赐道号"玄玄"，教授他《道德真经》，领悟其中玄法天机。

对于老子的《道德经》，张三丰不知读了多少遍，可火龙真人讲起来，他却又领悟到了不少新意。

火龙真人说："人道敬天道，尊地道，则天道风调雨顺，地道五谷丰登；人道败天道，坏地道，则天道风雨无度，地道草木不生。这就叫天人合一，互为因果。"

张三丰在终南山悉心学道4年后，就奉师命出山隐世修行。在这期间，他精研勤修内丹养生之学及武学技击之法，并能将此两门绝学融会贯通，自成体系，从而使其道家内外双修功夫达到了出神入化的高超境界。

阅读链接

传说张三丰年轻时家里十分贫穷，他需要砍柴养活一家人。他生平喜欢钻研道教，别无他求，只希望见到得道成仙的吕洞宾。后来有一个道士经过张三丰家，想讨点米酒喝。张三丰的妻子给了他米酒，告诉他粮食不多，希望可以少喝一点，结果那道士竟然全部喝完了。

之后，道士指点张三丰妻子将水装满缸，然后投入米便可以酿酒。当张三丰回到家，妻子告诉他此事时，张三丰当即认定那道士就是吕洞宾，就立刻追了去。他追上吕洞宾后，就央求吕洞宾收他为徒。吕洞宾收下了他，张三丰后来终于得以成道。

张三丰创立内家拳法

张三丰打坐泥塑

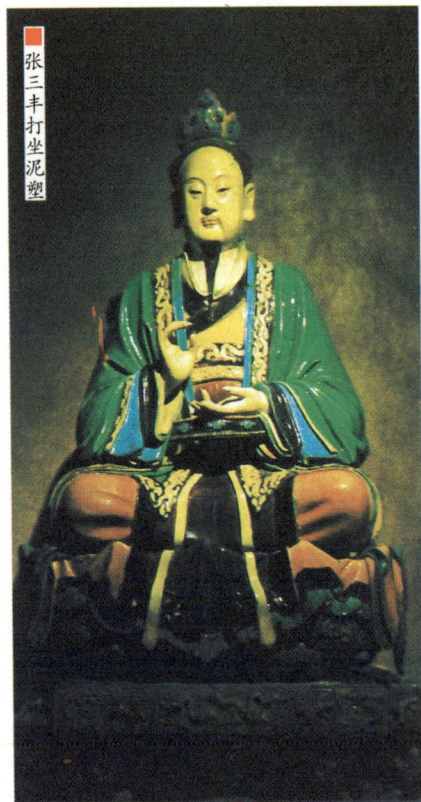

　　张三丰的恩师金台观住持王云鹤在百年寿辰时坐坛羽化，他临终前留下遗言，叫弟子们找到正在隐世潜修的张三丰接替他做金台观主持。

　　张三丰接到恩师仙逝的消息，便星夜兼程回到金台观，主持了祭奠恩师的仪式。但是，他并没有遵从恩师遗愿，留下做金台观住持，而是写了一张黄表，上面有几句偈语：

生中有死，死中有生；

醒中有醉，醉中有醒；

非中有是，是中有非；

曲中有直，直中有曲。

■ 练太极雕塑

张三丰吩咐都管说："把这张偈语贴到大殿上，谁解其中意，便可当住持。"说罢便施礼而去。

此后，张三丰云游数十年，足迹遍布江湖，他在嵩山崇福宫住过，并在少林寺学过武术功夫。当他精熟少林拳法后，发现这些功夫奔腾跳跃，容易为人所乘，于是就对它加以改造，使其变为以静制动的新拳法。

在我国传统武术分类上一直存在着"内""外"两家的说法。有拳谚说"内练一口气，外练筋骨皮"，就很好地诠释了两家拳法最本质的区别。于是，张三丰就把他创造的拳法取名叫"内家拳"。

内家拳以太极哲学为基本原理，通过阴阳辩证关系来指导拳法运动。它源于自然，法于自然，合于自然，严格遵循拳法自然的创拳原则和"人法地，地法天，道法自然"的本性学说，又将道教的气功炼养之旨融入拳法之中，使其独具贵柔尚意的特点。

内家拳还强调心息相依、运行匀缓、意到气到、

羽化 古代修道士修炼到极致跳出生死轮回，生老病死，是谓羽化成仙，飘飘乎如遗世独立，羽化而登仙。羽化源自古代阴阳学，古人认为阳气产生于盘古开天辟地，阳清为天，阴浊为地。万物中阴阳比较平均的就演化成了人。至阳者化为神，阳气高于人者化为山神或灵兽。至阴者化为虚空，阴气稍重者化身为草木。

太极拳雕塑

动静自如、以柔克刚、灵活婉转、莫测端倪的行拳要领。内家拳由两仪、太极、无极3种不同层次的拳术、功法组合而成，是一套从初级到高级、由外至内、由动至静、动静结合、内外兼修的完整功法。

张三丰创造内家拳既是他多年积累太极理论的结果，又与他梦中的灵感、动物的启示和少林拳的先导相关，同道家理论和道教修炼更是紧密相连。

张三丰内家拳的定名、路数、打法和特征处处都打上了道教的烙印。他精通道教经书，史称他能够"论三教书，则吐辞滚滚，皆本道德忠孝"。

内家拳练法分练步和练手：练步以马步为主，一共有18种步法；练手本为36字，后来又精简为残、推、援、夺、牵、捺、逼、吸、贴、蹿、圈、插、抛、托、擦、撒、吞、吐18字，每字有4句口诀解释其寓意。如"夺"字诀为：

夺字猛如虎，迎风招架中。
回身势莫夺，分推气更雄。

张三丰内家拳的打法本有一首长长的歌诀，但不

太极 是我国思想史上的重要概念，初见于《易传》："易有太极，是生两仪，两仪生四象，四象生八卦。"与八卦有密切联系。原与天文气象及地区远近方向相关，后来被宋代的理学家以哲理方式进一步阐释。太极是阐明宇宙从无极至太极，以至万物化生的过程。无极即道，是比太极更加原始更加终极的状态，两仪即为太极的阴、阳二仪。

是习武者很难领会其中的意思，正如内家拳拳师所自诩的那样"铁鞋踏破江湖上，不及张家妙术工"。

内家拳的打法着眼于劲、打二字。劲有蓄劲、乘劲之别，打有等打、赶打之分。未打之先，蓄劲为主。已打之后，乘劲为佳。开手之始，等打为优。发手之后，赶打为上。

内家拳的精妙之处集中体现于"六路拳"和"十段锦"中。

六路拳擅打，善于防前、后、左、右、上、下6个方位。交手时划出六线并按6个方位出击，每个方位各有一趟拳路。一路进招拳、二路倒阵拳、三路左斜拳、四路右斜拳、五路通天拳、六路卧地拳。

六路拳讲究实用，无"加花"动作。比较精彩的招法有，百鸟朝凤、左右扬鞭、铁拐倒炉、怪蟒翻身、挥身摘星、金犬活腿等。

六路拳刁钻古怪，软硬相兼，软时如绵里裹针，硬时似钢刀如刃。演练此拳分大、中、小3种架子：大架扑敌，令其惊怯后退；中架待敌，令其捉摸不定；小架绕敌，令其昏昏然然。

内家拳的十段锦是张三丰加工改造宋元道士的修炼方法八段锦而来的。八段锦是一个优秀的保健功法，它动作简单

凤 是凤凰的简称。在远古图腾时代被视为神鸟而予崇拜。它是原始社会人们想象中的保护神，据说它头似锦鸡、身如鸳鸯、有大鹏的翅膀、仙鹤的腿、鹦鹉的嘴、孔雀的尾。居百鸟之首，象征美好与和平。也是古代传说中的鸟王，雄的叫凤，雌的叫凰，通称凤。是封建时代吉瑞的象征，也是皇后的代称。

■ 武当功夫

南尊的武当

■武当功夫

易行，功效显著。把这套动作比喻为"锦"，意为动作舒展优美，如锦缎般优美、柔顺，又因为功法共有8段，每段一个动作，故名为"八段锦"。整套动作柔和连绵，滑利流畅，有松有紧，动静相兼，气机流畅，骨正筋柔。

十段锦的功法为10段，即面功、眼功、鼻功、齿功、口功、头功、耳功、腰功、膝功、腹功。

六路拳和十段锦有很多相同之处，它们的主要目的是练骨，但作用有所不同。六路使骨骼紧缩，十段则使之开放。六路因攻防前、后、左、右、上、下6个方位，且每个方位都有一趟拳路而得名，武术著作称这种拳法极为神妙，"一缩形周身无缝隙，一撒臂通身皆有手"，"拉大架犹如铺天盖地，使小式则为仙人变形"。足见其招法之怪异，攻守之神威。

"十段锦"前五式的攻击方法如下：

第一式"起手式"，此为入门之式，乃修炼之必然，为近身攻击招式。

第二式"坐马四平"，"两翅摇摆"还斗门，转坐马摇摆，为近身攻击招式。

第三式"金鸡独立"，其形如独立金鸡，而意则攻守兼备，为近身攻击招式。

第四式"回身急步"，以进退敛步，循环三进，为近身攻击招式。

第五式"坐山虎势"，起斗门，连肢足搓向右作坐马步，两拳于胸，为近身攻击招式。

张三丰所创内家拳技"内以养生，外以却恶"。实践证明，习练这一拳法可以收到增强体质、延年祛病、陶冶性情、磨炼意志的功效，同时也能起到防身抗暴、抵御外敌、振奋精神的作用。

因此，张三丰创造的内家拳十分有益于人体健康，是遗泽后世的一份珍贵历史文化遗产，他将永远受到后人的仰慕。

阅读链接

关于张三丰的内家拳，在明清以来武术界、学术界有两种流行说法：

一是真武神授。据《王征南墓志铭》和《宁波府志》记载，张三丰北赴汴京途中的一个夜晚，梦见真武神君降临，向他传授拳法。第二天黎明，张三丰被一群拦路抢劫的强盗围住，他便运用神授拳技打败了这群强盗。从此，张三丰以拳技闻名于世。这也就是武当为什么尊真武大帝为主神的原因。

二是脱胎少林拳。拳师王征南的弟子黄百家在他所著的《内家拳法》中，说张三丰早先精熟少林拳法，后来对少林拳进行加工改造，遂自成一派，名内家拳。《武当拳术秘诀》说得更为具体。说少林拳以五拳为精髓，以十八式为骨骼。张三丰始习少林拳，既得其精微奥旨，复从而翻之，变十八式为十八字，纳五拳法，八段锦。内家拳就这样诞生了。

张三丰创立太极拳法

　　明洪武初年，张三丰云游到武当山，卜地结庐，面壁静修。武当山坐落于湖北西北部，古时称玄岳或太岳。武当山四周"七十二峰"耸立，"二十四水"环流，危岩奇洞深藏，白云绿树交映，蔚为壮

■ 武当山金顶

■ 武当山建筑

观。主峰天柱峰，被誉为"一柱擎天"，四周群峰向主峰倾斜，形成了"万山来朝"的奇观。

　　武当山的道教宫观内供奉的是真武大帝，传说武当山名字的由来就是真武大帝在武当山坐镇的缘故。据传说，真武大帝原是净乐国的太子。他从小便立志要修道成仙，除尽天下的妖魔鬼怪。于是他在15岁的时候抛弃了江山，到武当山出家做了道士。

　　太子在武当山朝夕讲经说法，潜心修炼，最终他飞升成仙了。太子升天成仙时，天上很乱，许多妖魔鬼怪不时到天上打斗厮杀。

　　有一次，元始天尊在说法讲道时，有一股黑毒血气冲进宫殿里。元始天尊很生气，就命玉皇大帝清剿妖魔。玉皇大帝是天上的总管，他就让成仙后的太子来办理这件事。

　　太子于是率领30万天兵天将，一夜之间就把妖魔鬼怪打得七零八落，纷纷望风而逃。但是有些妖魔从

玉皇大帝 简称"玉皇"或"玉帝"。道教认为玉皇为众神之王，在道教神阶中修为境界不是最高，但是神权最大。玉皇大帝除统领天、地、人三界神灵之外，还管理宇宙万物的兴隆衰败、吉凶祸福。在中华文化中，玉皇大帝被视为宇宙的无上真宰，地球内三界、十方、四生、六道的最高统治者。

南尊的武当

■ 武当武术

五谷 古代所指的五种谷物。"五谷"在古代有多种不同的说法，最主要的有两种：一种指稻、黍、稷、麦、菽；另一种指麻、黍、稷、麦、菽。两者的区别是：前者有稻无麻，后者有麻无稻。古代经济文化中心在黄河流域，稻的主要产地在南方，而北方种稻有限，所以五谷中最初无稻。

天上逃到人间作乱害人，闹得民不聊生。

太子又领旨下凡，到人间收拾妖魔。太子历经了九九八十一战，斩杀了72个妖怪，降伏了36个魔鬼。太子还命风伯雨师和雷公电母给人间洒风降雨。从此天下太平，风调雨顺，五谷丰登，人们都过上了好日子。

太子历尽千辛万苦，收服了天下妖魔，战功显赫。元始天尊很高兴，封太子为真武大帝，派仙鹤将这个喜讯告诉天庭所有神仙。并把太岳改名为武当山，意思是说，只有真武大帝才有本领坐镇在这与天齐高的山上。

张三丰来到武当山后，在草庐里供上真武大帝的神像，每天参拜完毕后，就屏气凝神地练习静功。

静功又叫"内丹功"，静功练到结丹，方为练成。高山草庐，正是练静功的好去处，他由静功练到辟谷，十天半月可以不吃一餐饭，有时出去化缘，一餐又可吃几升米。

张三丰在这里一住3年，练静功练到了结丹，终于练成。这时，他身上的衣服又脏又烂，请施主给补成了百衲衣，头发胡须蓬松如草，由于长年不洗脸不洗澡，脸上手上腿上糊得污秽黢黑，人们都称他"邋遢道人"，或叫他"张邋遢""邋遢张"。

张三丰夜练静功，晨练动功，而且试图把静功和动功结合起来。可是他试了多次都失败了。这天早晨，张三丰刚到门前的场子上，准备再练动静结合之功，忽然听到茅庵后面喜鹊"喳喳"狂叫，不由走过去看个究竟。当他转过屋角，一个有趣的现象，呈现在他的眼前。

一棵梧桐树上垒着一个喜鹊窝，一条花蛇图谋不轨，要到窝里吞食喜鹊蛋，喜鹊为了护子与花蛇展开了一场罕见的争战。喜鹊飞来飞去，要啄花蛇。花蛇尾巴缠到树枝上，当喜鹊攻击蛇头部时，蛇以尾部来还击它。

喜鹊攻击蛇的尾部时，蛇用头来攻击喜鹊。喜鹊攻击蛇中部时，蛇的头部和尾部一齐来夹攻喜鹊，还伺机反咬一口，可喜鹊飞旋着躲开。

隔一会儿，喜鹊性躁，又飞下来用翅膀击打蛇身，只见蛇身

辟谷 同"辟毒""避谷""却谷"等，即不吃五谷，而是食气，吸收自然正能量。是道家修炼的一种方法。道家一方面认为：人食五谷杂粮，在肠中积结成粪产生秽气；另一方面以《庄子·逍遥游》描述了"不食五谷，吸风饮露"的仙人行径，企求达到不死的目的。

■武当功夫招式

蜿蜒，轻身闪过，仍作盘形。如此连续多次，喜鹊都未打到树上的蛇。

这时，张三丰从屋角转了出来，喜鹊飞走了，蛇也爬走了。张三丰定神想了一会儿，忽然省悟，花蛇盘旋，喜鹊飞舞，不正是在划弧转太极吗？好啊！练动功，当如此练。他由此悟出了太极以柔克刚之理，并根据太极阴阳变化的原理，决定开创太极拳法。

张三丰静坐数日，终于悟出了武学中的真谛，把太极、八卦、内丹结合起来，又把武术家的拳法、军事家的兵法糅合一起，经过编创演化，创造了一套静如处子、动如飞羽、柔如灵蛇、刚如猛虎的全新拳法。

张三丰顺其自然变化的道理，以道教所传太极阴阳为体，五行八卦为用，"河图"与"洛书"为经、八卦与九宫为纬，合成太极拳术五行八卦十三式，突出"以武演道，以道显武"的特点。

张三丰这套拳法，踏罡步斗，划弧转圈，以静制动，以柔克刚，借力打力，后发制人。他经过几年的演练，把太极十三式已经练得炉火纯青。

有一天，张三丰正在练拳，忽然来了一位道人，驻足观看良久，不敢相信眼前的事实。这个道人名叫孙碧云，13岁入华山修道，此后移居于少华山的半截

罡步斗 也称"禹步"或"步斗"，就是用脚在地上走出一遍数字路线，完成一个九宫格，俗称"四纵五横"，一个简单的九宫格。整个九宫罡步是玄武座的北斗七星，北方的五行属水。这里的罡步是一个先天八卦结合的洛书九宫，这和道家注重返璞归真的思想有关。

山修炼，此时为武当山玉虚观住持。

孙碧云经常见张三丰邋里邋遢下山化缘，以为是从外地来的一个疯道人。没想到今天他上山见到的邋遢道人，竟然是一位道行高深、武功高强的真人。等张三丰的拳打完后，他就过去要拜真人为师。

张三丰见他态度诚恳，颇有道行，便欣然应允了。孙碧云是张三丰出家以后收的第一个弟子，他入门之后，张三丰悉心传授，孙碧云则认真修炼。张三丰文教"道儒释"，武教"太极拳"，孙碧云聪明过人，长进很快。

由于张三丰收了孙碧云为弟子，他的深厚功力便渐渐为人所知，不久又有几位武当道教高人投到他的门下，其中比较有名的是李素玺。李素玺后来按照张三丰的授意，为永乐皇帝敬献"榔梅仙果"，促使了永乐大修武当，为武当发展做出了重要贡献。

张三丰在武当山，除了给弟子们讲道，就是演练武功。由于前来拜师的道人接踵而至，他们又在附近搭了一些茅庵。

张三丰先教弟子们站桩功夫。他说："桩功为武功之基，根基牢固，武功方能长进。道门桩功分太极桩和无极桩。站桩练到落地生根，才算练成功。"

■ 武当功夫

八卦 源于我国古代对宇宙的生成、日月、地球的自转关系，以及农业社会和人生哲学互相结合的观念。最原始的资料来源于西周的《易经》，内容有六十四卦。八卦相传是伏羲所造，后来用于占卜。八卦代表了我国早期的哲学思想，除了占卜、风水之外，影响涉及中医、武术、音乐等方面。

019

创立功夫

内家拳法

■ 打太极拳雕塑

接着，他教弟子们打武当太极拳，又教弟子们武当剑术，还教弟子们武当轻功、武当内丹功、武当点穴功、武当袖里乾坤功。

张三丰在传授弟子们功夫的同时，写下了大量的诗篇。特别是《无根树》24首，从各个侧面把修道练拳阐释得淋漓尽致，对后世影响很大。

为了更好地向弟子们传功，张三丰吩咐弟子们在武当山上，立了一片梅花桩，张三丰站到梅花桩上打太极拳，教太极拳。

有个新来的徒弟，见张三丰打的太极拳软绵绵的，没有一点力气，就忍不住说："师父，太极拳没啥学头，尽是花拳绣腿，中看不中用。"

张三丰跳下梅花桩，说："为师打太极拳，你用足力气对我拳打脚踢。"

新来的弟子仗着自己身材魁梧，心想只需一拳就可把师父打倒，他趁着张三丰慢悠悠打太极拳的时候，猛地当胸一拳打去。

张三丰身子一侧，左手一抬把弟子的拳头往上一挡，右手一掌轻轻朝他胸上击去，那弟子当即被击得倒退数步，一屁股坐到了地上。

那弟子还不服气，一个鲤鱼打挺跳起来，双脚

梅花桩 据传起源于春秋战国，兴于明末，清代乾隆年间流传较广。布桩图形有北斗桩、三星桩、繁星桩、天罡桩、八卦桩等。桩势有大势、顺势、拗势、小势、败势五势，套路无一定型，其势如行云流水，变化多端，快而不乱。

一纵，扑上去又是一拳，张三丰身子一闪，右手一个顺手牵羊抓住弟子的手腕，轻轻一拉，左手在他背上轻轻一击，弟子一头扑出一丈开外，并栽倒在地。

弟子爬起来，擦擦脸上的尘土说："师父，你这是巧用力，不能让人服气。"

张三丰笑着说："徒儿，为师对你用的还不到一分力，重了会伤你的。好！你要看太极拳的力气，今天叫你见识见识！"

张三丰说着来到梅花桩前，又是慢悠悠打起太极拳，忽然他一发力，一掌击到一根梅花桩上，那根碗口粗的木头"喀嚓"断为两截。

张三丰打得兴起，一脚踢起一块盆口大的油光青石，接着一掌击去，石头被击得粉碎。

那弟子"扑通"一声跪拜到张三丰面前说："师父，太极拳如此厉害，弟子服了！"

张三丰在指导弟子修炼时，传下了《道要秘诀歌》《打坐歌》《太极拳论》《练太极拳须聚气敛神论》《龙虎还丹指迷歌》等不下数十种修炼太极拳的经典要论，是为后世传人弟子不可多得的修习资料。

阅读链接

太极拳以"太极"哲理为依据，以太极图形组编动作，具有强身健体的功效。对于太极拳由何人所创，武学界一直都有争议。一般认为是武当张三丰所创，但也有人认为，太极拳术始于轩辕黄帝。

这类史料认为，黄帝因在常山偶见蛇鹊之战，借蛇缠鹊跃战斗之机，悟理想义，由此发明了太极拳术。而张三丰是在前人创造的基础上抚无极、太极、八卦错综之义，阴阳相推之理，五行生克之情，八门变化之机，进行再创造，从而开创了武当内家太极拳，并形成了各种太极拳术。

张三丰授徒严格门风

　　张三丰在武当山开山门授徒，吸引了三山五岳的道友纷至沓来。张三丰传授所学时，以养生为宗旨，以技击为末学，以道德为门风，对所收门徒不仅教授功夫，更传授他们做人的道理和必须遵守的严格

■ 武当山建筑

■ 武当功夫招式众多

门风。

这里所说的门风，是指张三丰的徒弟需要遵循的训诫，如"三戒""五戒""八戒""十戒"等。

三戒是指皈依戒、皈神戒、皈命戒。

皈依戒：即全身心向道；

皈神戒：即信奉三十六部尊经；

皈命戒：听从玄教大法师，即生命的生存行为皆由导师指引。

五戒：第一，不得杀生；第二，不得吃荤喝酒；第三，不得口是心非；第四，不得偷盗；第五不得邪淫。

八戒：一、不得杀生；二、不得淫悦；三、不得偷盗；四、不得骄妄；五、不得醉狂；六、不得华眠，就是睡舒适豪华床铺；七、不得搽脂抹粉；八、不得执迷歌舞。

十戒：第一戒，不得违戾父母师长，反逆不孝；第二戒，不得杀生屠害，割截物命；第三戒，不得叛逆君王，谋害家国；第四戒，不得淫乱骨肉姑姨姊妹

玄教 是道教正一道的一个支派，由元朝张天师张宗演的弟子张留孙在大都（今北京）形成的一个道派。当时元朝皇帝邀请张宗演来大都，并请其留京传教，其弟子张留孙留在京城，受到皇帝恩宠，受封"玄教大宗师"，因此玄教自成一派，但仍遥奉龙虎山正一道张天师为教主，玄教主要传播范围在江南。明朝以后，玄教解体，重新归入正一道。

及其他妇女；第五戒，不得诽谤道法，轻亵经文；第六戒，不得污慢静坛，单衣裸露；第七戒，不得欺凌孤贫，夺人财物；第八戒，不得裸露三光，厌弃老病；第九戒，不得耽酒任性，两舌恶口；第十戒，不得凶豪自任，自作威利。

徒弟犯戒者，轻者斥责、罚跪，重者则杖革或驱逐出山。

张三丰授徒传有八字，叫作"功、拳、药、械、法、财、侣、地"。首当其冲的"功"主要是讲功德。一个人不具备功德，学武功拳法只会有害无益。

张三丰最恨自己的门徒修了几年道，学得了一丁半点秘术，便借此去巴结权贵，换取荣华富贵，他常常施术戏弄惩罚这群道门败类。

据说有个叫郭成显的门徒，学了一种称为"五雷法"的道术，能役使五方雷霆斩妖捉怪，呼风唤雨，便私自下山想入京师借术图个进身之阶。

张三丰知道此事后，便快速追上半途的郭成显说："你要走为何不告知为师一声？为师还有'六雷法'要赐给你，只要依法施行，能够招来天仙，化为美女，跨上鸾凤，游戏人间。近来李孜省权倾中外，你带

■武当功夫练习

郭成显一听大喜，急忙叩头请师父传法，学完之后又叩头辞谢。郭成显到了京师，先向李孜省演五雷法，李孜省恰好也信此术，便引为同道。

郭成显得意地笑着自夸："还不止这些哩，我还有六雷法，传授此法的人说，用它能招来天上美貌的仙女。"

李孜省一听便催着郭成显快快演法。郭成显却摆起架子来。他先让搭起法坛，周围布置务求全套精致行头，挂红灯，围翠幔。一切布置就绪，方能登坛演法。

到了演法这天，李家的侍妾和下属，纷纷或远或近地赶来观看。且说郭成显在坛上作起法来，果然有四五位仙女跨骑赤色虬龙降在坛上。其中两位尤其美貌，轻啭歌喉，唱起曲来。音色清脆，歌声如怨如慕，似讽似嘲，使李孜省手下的门客术士都听得呆了。

人们正沉浸在美妙之中，忽然雷雨当空，风刮黄

025

创立功夫

内家拳法

鸾 是古代传说的神鸟，因生长在古时候的鸾州而得名。最开始的时候，鸾作为一种近似于凤的鸟，也是瑞鸟的一种，但地位不及凤。后来人们逐渐把"鸾"作为凤的别称，并称"鸾凤"。还有一种观点，"凤"和"鸾"指的是同一种鸟，但"凤"指的是成鸟，而"鸾"则指的是尚未成熟的鸟，"鸾"一旦成熟，就叫"凤"。

门客 作为贵族地位和财富的象征最早出现于春秋时期，那时的养客之风盛行。每一个诸侯国的公族子弟都养着大批的门客，如楚国的春申君、赵国的平原君、魏国的信陵君、齐国的孟尝君等。门客主要作为主人的谋士保镖而发挥其作用，必要的时候也可能发展成雇主的私人武装。

■ 武当功夫

沙，满坛灯火一时吹灭，狐精鼠怪一起都跑了出来。

过了一会儿，这一切又都消失，天际只有纤淡的云片，弯弯的月亮挂在檐头。隐约听到有呻吟声从法坛深处传来，家人点起灯烛一照，却见有四五个李家的侍妾，各跨着个李孜省搜罗来的术士僵在那儿，家人过去强扶他们回去。

再看郭成显，还站在法坛上，满口糊涂话，正得意扬扬在作法呢。李孜省又羞又怒，提剑上去一剑将他刺死，并严令家人不得外传。但这般丑事，哪有瞒得住的，第二天就传遍大街小巷了。

除了八戒、十戒外，张三丰授徒还有"五不传"：即骨柔质钝者不传、心险者不传、好斗者不传、狂酒者不传和轻露者不传。

张三丰认为，拳术是杀人的利器，你想杀人，别人也想杀你。所以，收徒之前，不可不留意，要防止他被人杀，当然也要防止他杀自己。防他被人杀，就必须先看他的体质如何。身体可以锻炼，但骨头是天生的；胆子可以锻炼，但本性难以改变。所谓骨柔质钝，是先天不足。后天不足还可以救，先天不足就没有办法了。所以，先天不足的人，就不能教给他拳术。这种人没有拳术，还可以苟活，假若有了一点拳术，说不定还会促使他速死。不仅如此，更怕他不等学会拳术，就因为难耐练功的辛苦而自杀。所以说骨柔质钝的人不能传授拳术，这是第一戒。

张三丰彩像

拳术家杀人之心不可有，防人之心不可无，而疑人之心也不可备。我收你为徒，你虽然尊敬我，求拜我，但这是为什么呢？是因为我的功夫在你之上，我得法在你之先，是想让我竭尽全力教你。可是，你的体质比我强健，你的力气比我大，一旦我将自己的全部功夫都教给你，以你的体质体力，必将是青出于蓝而胜于蓝，到那时，你还会尊重我吗？所以，我必须事先了解你的秉性，只有内心虔诚的人才可以教授，对于心地险恶的人千万不能传授功夫。所以心险者不传，这是第二戒。

学术没有止境，强中还有强中手。力量大的人，未必精于拳术；精于拳术的人，不一定精通其他武功。对于拳术，个人练习可以保身，众人练习可以保国，这些都是用于适当之处。练习拳术，不是教给你逞一时之勇，欺负好人，或者让你逞一时之愤，忘记亲人和家庭，惹祸上身，自取其咎。所以，好勇斗狠者不传，这是第三戒。

酒能乱性，性乱则神昏，神昏则气浮，技击之道，气沉者胜，气浮者败；神清者胜，神昏者败；性定者胜，性乱者败。若沉湎酒肉，神昏气浮，不辨是非，妄加干涉，凶狂无礼，就会惹祸上身，而这一切都是喝酒造成的。所以，狂酒者不传，这是第四戒。

世界上有的人大智若愚，大巧若拙。一般来说，深沉的人毅力、魄力也大，而喜欢卖弄自己的人胆量、志气则都不如人。精于拳术的人，看似柔弱，实则刚强，大都是深藏不露。如果只学得一点皮毛就藐视一切，逢人炫耀，轻举妄动，这种人一定会招惹是非。所以，轻露者不传，这是第五戒。

张三丰的"五戒"反映了他对待门徒的审慎态度，因为武功能够救人也能害人，假若遇人不淑，便会遗患无穷。

阅读链接

传说古时离武当山不远的地方有一个寺院，寺的一边有座高13层的塔。寺里的和尚不行正道，夜里常常出去偷、抢东西，还绑架民女，闹得附近的年轻妇女不敢单独出村，走娘家也得几个人送，不小心就会被绑架到寺里去，有去无回。百姓对这座寺又恨又怕，非常发愁。

这年春天，在一个日暖风和的日子里，有一个不言不语的老道人，一步步上到塔上，在上面绑了一根细线，把线板从塔上扔下来，下塔来把线隔着寺从空中扯过去，把一端拴在树上。几个小孩子跑来观看，问道人干啥，道人开玩笑似的说："我要用这根线把塔拉倒。"孩子一听，哪里会相信他的话，都笑起来。

这天晚上到半夜，忽然起了大风，刮得天昏地暗。第二天清早，人们一看，塔被大风刮倒，正好砸在寺里，把老和尚大部分砸死，只剩下打水、做饭、套磨、种地的和尚。这些和尚领着百姓扒开地洞口，救出囚在里边的民女，亲人相见，哭诉了老和尚的罪行。这时，那几个小孩才想到，是一个道人把塔拉倒的。大人们一听就知道，这事儿是武当山道士张三丰做的。

武当山功夫声名远播

张三丰在武当山开山门授徒，传授武功，并将自己盖的草庐、草庵，定名"遇真宫"和"会仙馆"，嘱咐弟子周真德善守香火，其他弟子悉心练习他传授的功夫。

张三丰根据道教理论中的"道法自然""守柔处雌"等理论，把道

武当山道士武术

■ 明成祖朱棣画像

阴阳 源自古人的自然观。古人观察到自然界中各种对立又相联的大自然现象，如天地、日月、昼夜、寒暑、男女、上下等，以哲学的思想方式，归纳出"阴阳"的概念。早至春秋时期的《易传》以及老子的《道德经》都有提到阴阳。阴阳理论已经渗透到中国传统文化的方方面面，包括宗教、哲学、历法、中医、书法、建筑、堪舆、占卜等。

家的内丹功、养生家的导引术、武术家的拳法、军事家的兵法，加以糅合、编创和演化，创造了以内丹为体、技击为用，养生为首、防身为要，以柔克刚、以静制动、借力打力、后发制人的具有独特功理功法、运动体系和形式的武当功夫。

武当功夫内容种类繁多，每种功法都包含了命功的练习和性功的启迪，以及性命双修的高深境地。

传统的功法有桩功，内功掌法、肘法、腿法、元图、分筋错骨、阵法、器械等，以及秘而不宣之功。

桩功有太乙十三桩、玉环桩、三才桩、盘古桩、老子犀牛桩、罗天真诀十二桩、琼阳八桩、凌云飞渡桩、梨山束薪桩、云雾桩等。

掌法有五雷天音掌、丁甲断魂掌、五雷迎风掌、金丝荷叶掌、伽蓝掌、金龙掌、千秋掌、云环掌、降魔掌、千斤大力掌、紫砂掌等。

肘法有36玉镜肘，24肘及追魂夺命12肘等。

元图有太岁武星图、罗汉醉酒图、白鹤真人飞鸣图、太乙玄轮错倒阴阳图等。

拳法有玄空点穴拳、伏虎拳、八法神拳、滚龙拳、小歌拳等。

武当功夫中最著名的为内家拳法，即太极拳、形意拳、八卦掌和武当剑。武当功夫的传播和武当弟子的增多，使张三丰声名大振。

张三丰"会仙馆"前有五株古木，他在闲暇之余常在树下歇息。当时武当山，山大林密，人烟稀少，常有野兽出没，然而奇怪的是，张三丰睡在林中却没有野兽骚扰他，"猛兽不噬，鸷鸟不搏"。他登山时轻捷如飞，隆冬常卧在雪中睡觉，令人惊奇不已。

张三丰声名远播，连皇帝也对他羡慕不已。明太祖朱元璋多次诏求并派人寻访，洪武十七年至十八年，即1384到1385年间，朱元璋两度诏请张三丰入京，他皆避而不见。朱元璋的儿子湘王朱柏，亲自到武当山也没见到张三丰的踪影，走时他惆怅地写了一首《赞张真仙诗》，诗云：

张玄玄，爱神仙。
朝饮九渡之清流，
暮宿南岩之紫烟。
好山劫来知几载，
不与景物同推迁。
我向空山寻不见，
徒凄然！
孤庐空寂大松里，
独有老弥松下眠。

明成祖朱棣即位后，极力

朱元璋（1328年－1398年），字国瑞，原名朱重八，后取名兴宗。明朝开国皇帝，谥号"开天行道肇纪立极大圣至神仁文义武俊德成功高皇帝"，庙号太祖。他在位结束了元朝民族等级制度，努力恢复生产，整治贪官，其统治时期被称为"洪武之治"。

■ 朱元璋像

南尊的武当

■武当山净乐宫牌坊

推崇道教，敬奉"真武"，又命侍读学士胡广诏访张三丰，并致张三丰《御制书》，表达仰慕之情。张三丰无意陛见，赋诗一首由弟子孙碧云转交永乐帝，这首诗的前几句写道：

圣师亲口诀，明方万古遗。

传与世间人，能有几人知？

衣破用布补，树衰用土培。

人损将何补？阴阳造化机。

明成祖读诗后，封张三丰为武当真人。

为表达诚意，明成祖下诏在武当山张三丰结草为庵的地方建"遇真宫"，并谕敕张三丰祀像一组置于大殿正中，供人朝拜。

坐北朝南的遇真宫，背依凤凰山，面对九龙山，左有望仙台，右为黑虎洞，水磨河从宫前流过。山门

内一座四合院式的古建筑，专为接待各方挂单道士和客人，道人称它为前宫。广场东西对称而立的石门分别为东华门、西华门，是东西两宫的大门。宫里共有200余间殿宇道房，供道人们居住。

■ 武当山净乐宫圣父母殿

净乐宫中轴线上为四重殿，一进为龙虎殿，二进为朝拜殿，三为玄帝殿，四为圣父母殿，各殿均耸于饰栏高台之上，宫门前是六柱华表式冲天大石牌坊。

净乐宫牌坊通高12米，宽33米。牌坊内是净乐宫山门，为单檐歇山式建筑，开3孔大门，建造在高1.5米、宽41米、深32.2米的条石砌成的台基之上，砖石结构，门两侧是绿色琉璃"八"字墙。

二宫门内是正殿，又名玄帝殿，其规模法式与紫霄宫现正殿相似。面阔5间，进深5间，上施绿色琉璃瓦，重檐歇山式砖木结构。

在净乐宫后，建有圣父母殿，东有紫云亭。净乐宫原有东、西二宫，西宫后侧为御花园。尚有斋堂、

华表 我国传统的建筑形式之一，是我国古代宫殿、宗庙、陵墓等大型建筑物前面作为装饰用的一种巨大石柱，原为木制的高柱，其顶端用横木交叉成十字，似花朵状，起某种表识作用，故称之为华表。相传华表既有道路标志的作用，又有为过路行人留言的作用，在原始社会的尧舜时代就出现了。

浴堂、神厨、道房、配房、皇经堂、东西龟驮御碑亭、常平仓、更衣亭等单元建筑。

净乐宫宫内殿堂，廊庑，亭阁及道舍等建筑520余间，四周红墙碧瓦环绕，宫内重重殿宇，巍峨高耸，层层院落，宽阔幽深，环境幽雅，宛如仙宫。

在明、清名人游记中，把净乐宫描绘成皇帝居所，气势近似于北京故宫，故有"小故宫"之称。

净乐宫的镇宫之宝为一尊巨大的石龟，这尊石龟作爬行状，仿佛随时都要出城去。在净乐宫有东西两座碑亭，两尊大石龟分别驮着两通巨型石碑，碑上刻有明成祖为修建净乐宫所下的圣旨。

此碑通高8.5米，每座重约102吨，其中碑帽重8.5吨，碑版重17吨，最重的要数石龟本身，竟有76吨重。

明成祖在原址兴建了这座道场，是希望张三丰云游四海后能到这里传道授业，以解他的思贤之苦。然

石碑 把功绩勒于石上，以传后世的一种石刻。一般以文字为其主要部分，上有螭首，下有龟趺。大约在周代，碑便在宫廷和宗庙中出现，但此时的碑与后来的碑功能不同。此时宫廷中的碑是用来根据它在阳光中投下的影子位置变化推算时间的；宗庙中的碑则是作为拴系祭祀用的牲畜的石柱子。

■武当山紫霄宫

而，张三丰依然神龙见首不见尾。

永乐十年，即1412年，明成祖派出军民工匠30万人兴建道场，武当山经过十余年的建设，先后建成了复真观等八宫、二观、三十六庵堂、七十二岩庙、十亭台和39座桥梁，共建房屋2000余间，建筑面积达160万平方米，绵延70千米。以此作为真武大帝的道场，并派人在此守候张"真仙"。

各种建筑各具特色，规模宏大，气势磅礴，雕铸细腻，富丽堂皇，蔚为壮观。尤其是复真观，远远望去就像一朵出水芙蓉。

复真观坐落在武当山狮子峰的陡坡上，被当今建筑学家赞誉为利用陡坡开展建筑的经典之作。复真观背依狮子山，右有天池飞瀑，左接十八盘栈道。

古代建筑大师巧妙地利用山形地势，建造殿宇200余间，形成了"一里四道门""九曲黄河墙""一柱十二梁"和"十里桂花香"等著名景观。

走进复真观的山门，就可以看到在古道上沿着山势起伏的一排70多米长的红色夹墙，这就是九曲黄河墙。

九曲黄河墙浑圆平整，弧线流畅悦目，墙的顶端是绿色琉璃瓦顶，犹如两条巨龙盘旋飞腾。无论从什么角

■ 武当山复真观前的太子坡

彩绘 又称丹青，最早出现于我国春秋时期，是我国传统建筑上绘制的装饰画。在我国古代建筑上的彩绘主要绘于梁和枋、柱头、窗棂、门扇、雀替、斗拱、墙壁、天花、瓜筒、角梁、椽子和栏杆等建筑的木构件上。

栈道 是古代交通史上的一大发明。人们为了在深山峡谷通行道路，且平坦无阻，便在河水隔绝、悬崖绝壁上用器物开凿一些菱形的孔穴，孔穴内插上石桩或木桩。上面横铺木板或石板，可以行人和通车，这就叫栈道。为了防止这些木桩和木板被雨淋变朽而腐烂，又在栈道的顶端建起房亭，这就是阁，亦称栈阁。相连贯的称呼，就叫栈阁之道，简称为栈道。

■ 武当山九曲黄河墙

度欣赏，都可以给人以美感，更加体现出了皇家建筑的气派和豪华。

关于"九曲黄河墙"名称的来历有很多种说法，但大部分人都认为"九曲黄河墙"这个名字体现了道教思想。

在道教思想中认为，给道教庙宇布施的道衣、经书、造像、建筑、法器、灯烛、钟磬、斋食和香表的人，都可以得到神灵的佑护，这9种布施被称为"九种功德"，因此把这个上山祈福必经的墙称为九曲黄河墙。

通过九曲黄河墙后，还有照壁和龙虎殿等建筑物，在第二重院落突起的高台上就是复真观大殿。

复真观大殿又名"祖师殿"，大殿内供奉着真武神像和侍从金童玉女。这一组巨大的塑像为武当山全山最大的彩绘木雕像，历经数百年依然灿美如新。

复真观的五云楼，也叫"五层楼"，是用传统的民族工艺所营造的，墙体、隔间和门窗均为木构，各层内部厅堂房间因地制宜，各有变化。五云楼最有名之处就是它最顶层的"一柱十二梁"。

一柱十二梁是指在一根主体立柱上，有12根梁枋穿凿在上，交叉叠搁，计算周密。这一纯建筑学上的构架，是古代木结构建筑的杰作，受到人们的高度赞誉，是复真观里的一大奇观。

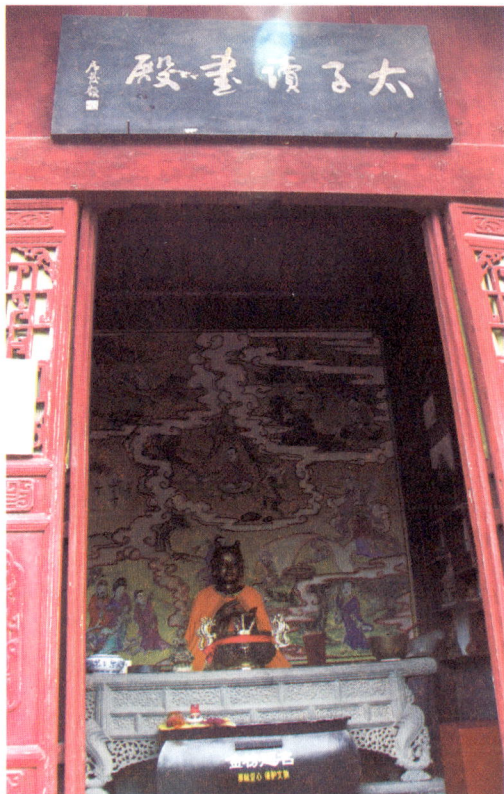

在复真观建筑群的最高处，耸立着太子读书殿。它小巧精致，却又不失皇家建筑的气魄。

太子读书殿的建造是为了突出幼年真武苦读经书的事迹。殿内的布置独具匠心，有少年真武读书的壁画、石案、笔墨和古籍等。

紫霄宫位于天柱峰东北，背依展旗峰下，距复真观7.5千米。面对照壁、三台、五老、蜡烛、落帽、香炉诸峰；右为雷神洞；左有禹迹池和宝珠峰。此地周围冈峦天然形成一把二龙戏珠的宝椅，所以明成祖封之为"紫霄福地"。

紫霄宫的正殿紫霄大殿，又称"紫霄殿"，建在三层石台基之上，台基前正中及左右侧均有踏道通向

■ 武当山太子读书殿

壁画 墙壁上的艺术，即人们直接画在墙面上的画。壁画是人类历史上最早的绘画形式之一。如原始社会人类在洞壁上刻画各种图形，以记事表情，这便是流传最早的壁画。至今埃及、印度、巴比伦、中国等文明古国保存了不少古代壁画。

神龛 一种放置神明塑像或者是祖宗灵牌的小阁，规格大小不一，一般按照祠庙厅堂的宽狭和神位的多少而定。比较大的神龛有底座，是一种敞开的形式。祖宗龛无垂帘，有龛门。神佛龛座位不分台阶，依神佛主次设位；祖宗龛分台阶按辈分自上而下设位。因此，祖宗龛多为竖长方形，神佛龛多为横长方形。

■武当山紫霄殿

大殿的月台。大殿面阔进深各5间，高18.3米，阔29.9米，深12米，面积358.8平方米。共有檐柱、金柱36根，排列有序。

紫霄大殿内部，金柱斗拱，施井口天花，明间内槽有斗八藻井。大殿正中神龛供奉真武神像，泥塑彩绘贴金，高4.8米，是武当山最大的泥塑像。这里还供奉着一尊纸糊贴金神像。明间后部建有刻工精致的石须弥座神龛，其中供玉皇大帝，左右肋侍神像。

紫霄殿的屋顶全部盖孔雀蓝琉璃瓦，正脊、垂脊和戗脊等以黄、绿两色为主镂空雕花，装饰丰富多彩华丽非凡，为其他宗教建筑所少见。

紫霄大殿屋脊由6条三彩琉璃飞龙组成，中间有一宝瓶，闪闪发光。因为宝瓶沉重高大，由4根铁索牵制，铁索的另一头系在4个孩童手中。

传说，这4个孩童护着宝瓶，无论严寒酷暑和风

雨雷电，他们都坚守岗位，确保宝瓶不动摇。因为所在位置比殿里供奉的主神还高，所以叫他们"神上神"。而老百姓看他们长年累月地风吹日晒，则叫他们"苦孩儿"。

■武当山紫霄宫建筑

整座大殿雕梁画栋，富丽堂皇，构思巧妙，造型舒展大方，装修古朴典雅，陈设庄重考究。

朝拜殿位于紫霄宫第三级阶台之上，原是云游道士挂单的地方。相传，在明朝时，香客信士只能在此朝拜真武，只有皇上到武当山祭祀时才能到紫霄大殿，因此称为朝拜殿。紫霄宫朝拜殿还有一个重要的用途，就是道教内部十方丛林道士挂单的地方，所以又叫"十方堂"。十方堂殿堂两侧建有八字墙，墙上饰琼花、珍禽图案，墙下为琉璃须弥座。殿内正中供奉铜铸鎏金真武像。

在紫霄大殿后的高大台基上建有圣父母殿。圣父母殿内古树参天、青山如黛，高敞清幽，是武当山最佳胜境之一。紫霄宫父母殿为三层砖木结构。

挂单 又称"挂搭""挂锡"。单，指衣单行李，以名单代指；一般丛林寺院客堂门外，高悬一牌子，写着：无衣钵戒牒者，概不挂单。古代行脚者外出，必须携带衣钵包被条包。行脚者到寺，一般先从天王殿入，礼弥勒、韦驮菩萨、大雄宝殿各三拜。

■ 武当山南岩宫

鎏金 古代金属
工艺装饰技法之
一。用涂抹金汞
剂的方法镀金，
近代称"火镀
金"。这种技术
在春秋战国时已
经出现。汉代称
"金涂"或"黄
涂"。鎏金，亦
称"涂金""镀
金""镏金""流
金"，是把金和
水银合成的金汞
剂，涂在铜器表
层，加热使水银
蒸发，使金牢固地
附在铜器表面不
脱落的技术。

殿内设有3座神龛，正中神龛上供奉真武大帝生身父母明真大帝和善胜皇后的造像，道士信徒尊称为圣父圣母。

1412年，明成祖还敕建重修了南天门、碑亭、两仪殿等建筑，并赐额"大圣南岩宫"，当时有大小殿宇640余间。

南岩宫建筑群在总体布局上匠心独运，巧借地势，依山傍岩；在手法上打破了传统的完全对称的布局和模式，座座宫室镶嵌于悬崖峭壁，虽系人工，宛若天成，使其与环境风貌达到了高度的和谐统一，营造了"天人合一"的至高意境。

南岩宫主要建有天乙真庆宫石殿、两仪殿和南天门等21栋建筑物，建筑面积3539平方米，占地9万平方米。南岩宫外岩北有老虎口，岩南峰峦之上有梳妆台、飞升台等古迹。

南岩石殿额书"天乙真庆宫"，坐北面南，建于悬崖之上，为石雕仿木构建筑，其梁柱、檐椽、斗拱、门窗、瓦面、匾额等，均用青石雕琢，榫卯拼装。面阔3间11米，进深6.6米，通高6.8米，梁、柱、门、窗等均以青石雕琢而成，是武当山最大的石殿。

石殿顶部前坡为单檐歇山式，后坡依岩，做成悬山式，檐下斗拱均作两跳，为辽金建筑斗拱的做法。殿内有"天子卧龙床"组雕和"三清"塑像，四面环立500铁铸灵官塑像，均生动逼真。

殿体坚固壮实，斗拱雄大，而门窗纹饰则刻工精细，技艺高超。由于石构件颇为沉重，且又在悬崖峭壁上施工，难度很大，这也充分体现了我国古代工匠的聪明智慧和高超技艺。

南岩石殿大殿丹墀之下为青石墁地院落，中有一口古井，名"甘露井"，井台以青石雕制，六角饰栏，井水清冽甘甜，犹如甘露。

从皇经堂到两仪殿之间的南岩宫长廊，遍布摩崖石刻，其中最负盛名的当数明嘉靖初年内阁首辅夏言和其弟子王颙所题"寿福康宁"。

南岩殿外远近有叠字峰、金鼎峰、滴水崖、崇福崖、白龙潭等胜景，更有仙山楼阁之妙。南岩石殿外崖前有一石雕龙首，横出栏外，长2.9米，宽仅0.3米，从悬崖峭壁上横空出世，下临深涧，龙头顶端置

■武当山南岩宫

一香炉，面对金顶，这便是号称"天下第一香"的"龙头香"。

石殿右下方崛起一峰，上建梳妆台、飞身岩，相传为"真武"舍身成仙之所。

两仪殿位于石殿"天乙真庆宫"右侧，坐北朝南，面临大壑。歇山顶式，砖木结构建筑，琉璃瓦屋面。殿后依岩为神龛，正面为菱花格扇门，安在前金柱上，与檐柱形成内廊，直通石殿。面阔3间，进深3.9米，通高7.29米。

武当山自从遇真宫建起后，香火旺盛，前来进香的人数不胜数，而武当功夫自此也声名远扬。张三丰最后从历史上隐去，就像老子等道家人物一样不知所终。一些史料中记述了在明英宗天顺年间，有人在四川鹤鸣山等地见过他。按这些资料来推算，张三丰当时在人间已经是200多岁的人了。

阅读链接

传说在明永乐四年（1406），侍读学士胡广向永乐皇帝上奏状说："侍读学士臣胡广奏，真仙张三丰辽东人氏，深藏道法，广具神通。高隐武当，有希夷之风，只可礼求，不可命见。恭维皇帝陛下，屈驾广成求真道。臣因不敢隐讳，具表奏闻。"

第二年，皇上即令胡广遍游天下，寻访张三丰，但10年过去了，胡广始终没有找到张三丰的下落。皇上大怒说："你说张三丰蕴抱玄机，为什么不敢带他来见我？"胡广非常害怕，星夜赶到武当，焚香哭祷。

这一年五月，是南极老君大寿，张三丰正要去赴会，驾云通过武当时，听到胡广真诚相求，遂按下云头对胡广说，同意前去陛见，让他先回去复命。胡广听到此话，拜过张三丰，立即回朝。第二年，胡广回到京城，才知道张三丰在去年已经见过皇上了。

各显异彩

明嘉靖年间，浙江宁波有一个名叫张松溪的人，拜孙十三老为师，学习武当内功，不仅将武当内功发扬光大，还传下"勤、敬、径、紧、切"五字秘诀内功心法。

同样是在明嘉靖年间，山西绛州府王庄村的王宗岳，师从张三丰弟子刘古泉学习内家拳术，写出《太极拳论》等太极拳论著。

万历年间，河南陈家沟的陈王廷根据祖传拳法和北派太极宗师蒋发的武当拳法创立了后人所称的陈式太极拳，成为我国整理民间武术的杰出人物之一。

孙碧云促进武当派发展

　　张三丰的第一个徒弟孙碧云是陕西人，生于元顺帝至正五年，即1345年。孙碧云自幼天资聪颖，入私塾读书，过目不忘。然而，少年孙碧云毅然选择了远离红尘、遁入空门、修身修命、完善自我的出家之路。

■道德经碑廊

史书《华州志》说他："幼即慕道，年十三入华山。"华山，自古就是著名的道教圣地，被尊为道教的第四洞天。这里山高谷深，形势险要，人迹罕至，却是丹人霞友结庵栖居，炼性悟道的绝佳场所。

先秦著名的思想家、哲学家老子著《道德经》五千言后，就是在华山昭文馆隐居。以后历代一些高道，如寇谦之、华阳子韦节、杜怀庆、吕岩、陈抟、张三丰等，都曾经在华山隐居修道。

孙碧云在华山修炼多年后，又转至少华山继续修炼，之后又南游至武当山探寻道家原理。后来拜张三丰为师，道学武术明显精进。

洪武二十七年，即1394年，明太祖朱元璋在京城，就是后来的南京奉天门召见孙碧云，向他求教儒、释、道三教源流的问题。

朱元璋命他入座后问道："你如今修道成功没有？"孙碧云答道："臣今已得道，但还不算成功。"

朱元璋又问他："你认为儒、释、道三教，哪一教好，哪一教又差一些呢？"

孙碧云答道："我认为三教没有优劣之分，因为三教的宗旨都是教人为善。宣圣孔子宣扬三纲之礼，五常之教，万代遵守，难道不好吗？道祖老子提倡的

■ 华山道场内神像

私塾 我国古代社会一种开设于家庭、宗族或乡村内部的民间少年教育机构。它是旧时私人所办的学校，以儒家思想为教学重点，是私学的重要组成部分。清代地方儒学有名无实，青少年真正读书受教育的场所，除义学外，一般都在地方或私人所办的学塾里。因此清代学塾发达，遍布城乡。

■ 真武大帝像

南尊的武当

清静无为，修身治国之玄理，似乎也没有不对之处。而释迦文佛，虽出自西域，却教化东土，检身治心，因果有报，感觉也不错。其实这三教的理论，说法虽然不一样，最终的道理都是一致的。"

孙碧云向明太祖朱元璋提纲挈领、言简意赅地阐述了儒、释、道三教归一，无分优劣的思想，简述了"三教"的源流和各自教义的核心观点，从逻辑上论证了"三教归一"的根本宗旨，就是修身、炼性、治国、平天下。

孙碧云还倡导各教应该平等相处，无分优劣。建议朝廷从治理国家和教化百姓的角度出发，对各宗教一视同仁地给予支持。

朱元璋听了孙碧云的阐述，高兴地说："你真是精通三教的高人啊！"

奉天门答辩以后的第十四天，朱元璋再次召见孙碧云，并且对他说："虽然时代不同，朕便是今天的轩辕，你便是广成子。"

对于朱元璋的褒奖，孙碧云叩首而谢。在接受了孙碧云的"三教归一"的理论以后，朱元璋对道教崇信备至。他下令在南京修建真武庙，不但本朝祭祀，而且还立下规矩，子孙也要祭祀真武。

祭祀 是华夏礼典的一部分，更是儒教礼仪中最重要的部分，礼有五经，莫重于祭，是以事神致福。祭祀对象分为3类：天神、地祇、人鬼。天神称祀，地祇称祭，宗庙称享。祭祀的法则详细记载于儒教圣经《周礼》《礼记》中，并有《礼记正义》《大学衍义补》等书进行解释。

此后，孙碧云在道教界名声大涨，逐渐成为明朝初年皇帝的宗教顾问和管理道教的官员，得到明太祖和明成祖的青睐和重用，为武当山成为道教重地，武当功夫的传承起了重要作用。

由于孙碧云的师父张三丰同样坚持"三教合一"说，迎合了明朝初年朝廷希望民族和睦团结、国家稳定的政治需要，而且他在武当山创立的武当内家拳风靡大江南北，名望很高。

另外，张三丰建立的以崇奉真武为武当山主要神仙的全真派武当山道教，也为后来明成祖朱棣的靠真武荫佑而取得"靖难之役"胜利的舆论提供了强有力的佐证。

所以，明太祖朱元璋、明成祖朱棣等统治者都非常希望能够见到张三丰，哪怕是见上一面都行。其最

教化 是一种政治、道德和教育三者有机结合的统治术。它把政教风化、教育感化、环境影响等有形和无形的手段综合运用起来，既有皇帝的宣谕，又有各级官员面命和行为引导，还有立功德碑、树牌坊、传播通俗读物等多种形式，向人们正面灌输道理，又注意结合日常活动使人们在不知不觉中达事明理。

■ 太极内家拳

■武当山武术

圣旨 是我国古代皇帝下的命令或发表的言论。是我国古代帝王权力的展示和象征，其轴柄质地按接受官员品级不同有严格区别：一品为玉轴，二品为黑犀牛角轴，三品为贴金轴，四品和五品为黑牛角轴。圣旨的材料十分考究，均为上好蚕丝制成的绫锦织品，图案多为祥云瑞鹤，富丽堂皇。

终的目的就是用张三丰的名望，抚慰天下道教的信众和百姓，从信仰和思想上稳定大明王朝。

然而，张三丰却我行我素，云游四海，讲经布道，始终不与皇帝见面。孙碧云走进朝廷上层决策机构后，明成祖朱棣认为，只有通过孙碧云的中介和传递，自己才能够与张三丰见面。

由于当时张三丰在武当山修炼，朱棣就委派孙碧云作为朝廷派出的道官到南岩宫办理武当山的道教教务。

就在孙碧云回到武当山不久，朱棣于永乐十年，即1412年的三月初六，给孙碧云下达圣旨说道：

敕右正一虚玄子孙碧云：朕仰慕真仙张三丰老师，道德崇高，灵化玄妙，超越万有，冠绝古今，愿见之心，愈久愈切。迫使祗奉香书，求之四方，积有年岁，迨今未至。朕闻武当遇真实真仙老师鹤驭所游之处，不可以不加敬。今欲创建道场，以伸景仰钦慕之诚。尔往审度其地，相其广狭，定其规制，悉以来闻，朕将卜日营建。尔宜深体朕怀，致宜尽力，以成协相之功。钦哉，故敕。

朱棣在这段文字里，由衷地赞颂了张三丰高深精妙的道术，坦率地表露了自己对张三丰的敬仰和急于会见张三丰的急切而又真诚的心情。

朱棣在圣旨中说，我听说，武当山遇真宫是张三丰仙人曾经栖居修炼过的地方，我准备在那里修建一处道场，一来表达我的敬仰之情，二来可供真仙修炼之用。

朱棣认为，张三丰和孙碧云是师徒关系，如果孙碧云在武当山知道了张三丰的下落，就一定会及时地向他汇报的，这就增加了见面的概率。同时，朱棣下决心在武当山为张三丰修建一座宫观，供张三丰修炼，以感动张三丰。

观 道教建筑，原是古代天文学家观察星象的"天文观察台"。据传最早住进皇家"观"中的道士是汉代的汪仲都。他因治好汉元帝顽疾而被引进皇宫内的"昆明观"。从此，道教徒感激皇恩，把道教建筑称之为"观"。

流派纷呈

各显异彩

■武当太极功夫

七言 是律诗的一种。律诗是我国近体诗的一种。格律严密。发源于南朝齐永明时沈约等讲究声律、对偶的新体诗，至初唐沈佺期、宋之问时正式定型，成熟于盛唐时期。律诗要求诗句字数整齐划一，由八句组成，七字句的称七言律诗。

■武当山琼台中观三清殿建筑

朱棣命令孙碧云去那里勘测地形，设计图纸，并且希望他要尽心竭力，体会自己的心情，把此事办好。到后来，朱棣根据孙碧云的报告和建议，修建了遇真宫。

史书《太和山志》载：遇真宫"去玄天玉虚宫八里许。……永乐十五年奉敕创建真仙殿，廊庑，东西方丈，斋堂，厨室，道房，仓库，浴室，共九十七间，钦选道士三十名焚修香火。钦点江西吉安府吉水县迎真坛炼师罗凤祥为提点，赐六品印，管理宫事。"

遇真宫的建成，为明朝修建武当山皇室家庙提供了极为宝贵的风水、设计、施工等方面的参考依据和资料。孙碧云以其渊博的知识和精深的道学修养，理所当然地被明成祖朱棣钦选为修建武当山宫观的总设计师。

■ 武当山玉虚宫建筑

朱棣还亲自写了一首七言古风诗《诗赠虚玄子孙碧云》，全诗共26句，182字。诗的内容主要是称颂孙碧云道德高尚，道行精妙的溢美之词，同时也表露了朱棣本人羡慕道人、尊崇道教的心情。

孙碧云对皇帝的信任十分感动，同时，也深知自己肩上责任的重大。他同派到武当山的其他官员和术士们一起，如履薄冰，兢兢业业，按照朱棣的意图，对武当山真武道场的建筑提出的设计指导思想主要可以归纳为3点：

一是体现真武得道成仙传说故事的完整性。整个武当山建筑群要严格按照真武诞生、修炼、得道、成真，至被玉帝册封的神话系列进行妥善布局，从而，达到虽由人造，宛自天开意境，彰显真武道场的神

册封 古代皇帝以勋封爵号授给异姓王、宗族、后妃等，都经过一种仪式，在受封者面前，宣读授给封爵位号的册文，连同印玺一齐授给被封人，称为册封。册封制度的历史十分悠久，早在殷商时期就已经产生。

武当山建筑

秘、玄妙、庄严、神圣。

二是建筑与环境保护的统一性。所有的庙宇合理地建造在峰、峦、坡、坨、崖、洞的适当位置上，以不破坏生态植被为原则，做到既"弘壮坚固""以称瞻仰"，又必须做到"其山分毫不要修动，万万年同其久远"，武当山古建筑群堪称保护环境的典范之作。

三是可供人们游览的观赏性。在长达70千米的建筑线上，大宫与小观错落有致，建筑高潮与低潮相间。建筑风格上，既有北方浑厚庄重的大器宫殿，又有江南园林的曲径通幽、小桥流水的纤细婉约，令游人香客百看不厌。

10年后，随着武当山古建筑群的建成，明朝皇帝直接控制的武当道场，被称为"皇室家庙"，武当道教也借此达到了它的鼎盛时期，而武当武术借此东风则成为中华武术的一大流派。

南尊的武当

阅读链接

传说陕西华州东南方有一座山，名叫少华山，之所以叫少华山，是因为这座山峰与西岳华山峰势相连，遥遥相对，但低于华山的缘故。

据说，早年张三丰曾在这座山上的一座仙人洞修炼。有史料认为，孙碧云由华山移居于少华的半截山鹤栖之地修炼时，在仙人洞巧遇张三丰，孙碧云就在这里拜张三丰为师学习仙人道术，而不是在武当山才拜张三丰为师。这份史料还认为，孙碧云被洪武、永乐两朝征召去京师，也是自少华山出发而不是武当山。

张松溪光大武当内功

　　明嘉靖年间，浙江鄞县，也就是后来的宁波，有一个名叫张松溪的人，他沉默寡言，对人恭谨温顺，但他却是一个身怀绝技的人。张松溪的师父为鄞县大梁街人，名叫孙十三老，他们的祖师就是武当山的张三丰。

少林武术

■ 武当功夫

鄞县 地处浙江东部沿海，早在五六千年前，鄞县就有原始人类生活，属于河姆渡文化的第二层。鄞县在历史上地位重要，秦时所置的县，全国至今仍保持原名的已为数很少，鄞县在漫长时代仍保持着始置时的原名。

张松溪曾被当地的监司徵使请去，要求他当教练教授战士武艺，但他没有答应，他说："我的师门规矩很严，本门武艺严禁外传。"

明嘉靖三十二年，即1553年，浙东沿海倭寇猖獗，鄞县名将万表招募少林僧兵抗倭。少林僧听说了张松溪的大名，便有好多人抽空来到宁波要见张松溪，张松溪却避而不见。

不过，张松溪也想见识一下少林功夫。这一天，他悄悄来到少林僧兵住宿的酒楼，看见僧兵正在练习拳术。只见少林和尚扑打接敌，一招一式，虎虎生威，但他也看出少林功夫有很多漏洞。

看着看着，他不觉笑出声来，一个僧兵听到笑声，发现一个人正偷看他们练功，举拳就扑向他。

张松溪见和尚来势凶猛，便稍微侧了一下身子，然后举手借力轻轻击了一掌，这个和尚便像一个飞丸一样撞破窗户，坠于楼下，差一点摔死。

众僧见眨眼间自己的师弟被摔下楼去，吓了一跳，一问才知道此人就是张松溪。

张松溪孝敬母亲，终身未娶，一生所做的最重要的事就是发扬光大武当内家拳，创立了最为正宗的"松溪派"功夫。这门功夫主要用于防御，一般情况下不轻易使用。一旦使用，就战之能胜，令人无隙可乘。

张松溪创立的内家拳善于以击打人体的穴位来制敌，这些穴位有晕穴、哑穴、死穴等，打斗时使用轻重不同的手法点穴，能够使人或晕、或哑、或死，不会出一点差错。

张松溪内家拳最神秘的是传下了"五字秘诀"，就是勤、敬、径、紧、切。

所谓勤，就是早起晚休，少睡眠，多练习手和脚的力量。张松溪主张连砍柴和挑水这类事都要亲力亲为。他举例说，晋代名将陶侃为了收复中原，每天把100块砖搬出搬进，就是为了不使自己的体质衰弱，也不使自己意志消沉。

所谓紧，就是两手常护心胸。行则左右护胁，击刺时不使自己的身体太靠近对方，要可放可收。脚的收放也有一定的规矩，不要迈太大的步子，要能急进，也能速退。站立的地方必须要有依靠，不要处于最后的位置，不要使自己腹背受敌。与众人对阵，身体应该高度警觉，要像潜伏的老虎一样，等到敌人门户洞开，才可以靠近攻击。这就是兵法所说的"静若处子"。

武当功夫

所为径，就是所谓的"动如脱兔"，在一定的距离内，不要犹豫，不失时机，义无反顾，尽自己最大力量，拼死一击。就像猫捕老鼠一样，必然取得最大的胜利。

所谓敬，就是告诫自己要小心谨慎，不要暴露自己的特长，要敬重别人。因为争强好胜的人，一定会遇到比自己厉害的敌人。因此，平时要温良恭俭让，不妒忌，不贪求，保持良好的行为。

所谓切，就是告诫自己，无论遇到多么令人气愤的事都要忍耐。确实关系到切身利益，不得已而出手。一试之后，即可收手，不要无休无止地闹腾。喜欢结仇的人，永远都没有平安的时候。犯王法的人，最终都不会被赦免。因此，诸位一定要慎重。

张松溪的五字诀不像是武功秘籍，倒像是劝人为善的道家学说，这与他的道教传人身份十分吻合。

张松溪作为一代武学宗师创立了内家拳最为正宗的"松溪派"，传下内家拳的"五字秘诀"，最后无声无息地老死在家乡。

阅读链接

在香港著名作家金庸的小说《倚天屠龙记》中，张松溪被设定为是张三丰的第四个徒弟，是一个足智多谋的人。

在小说中，张松溪曾参与六大派远征光明顶一战，力战明教五行旗，杀入光明顶后，与明教四大护教法王之一"白眉鹰王"殷天正比内力。下山时武当派和六大派被蒙古军抓去万安寺幽禁，并让各人服下"十香软筋散"，以致大家使不出武功，最后被明教第三十四代教主张无忌解救出。

屠狮英雄会过后不久，适逢元朝汝阳王察罕帖木儿率2万蒙古军攻上少室山少林寺，打算一举歼灭武林群雄，张松溪与武林群雄一起杀敌报国。

张松溪传承武当剑法

    明嘉靖年间，张松溪偶游浙东四明山，见一道士轻飘飘从水上经过，到达对岸的分水岭，非常奇怪，就追上去向道士行礼，两人坐在石上交谈，张松溪见道士飘然若仙，谈论道家理论，滔滔不绝，非常佩服。

武当刀法

■ 武当刀法

剑 古代兵器之一，属于"短兵"，素有"百兵之君"的美称。古代的剑由金属制成，长条形，前端尖，后端安有短柄，两边有刃的一种兵器。剑为具有锋刃之尖长兵器，而其大小长短，视人体为标准，所以须量人而定。我国在商代开始有制剑的史料记载，一般呈柳叶或锐三角形，初为铜制。

两人又说起武术，道士也是行家里手。张松溪请求与他交手，道士也慷慨答应。于是两人摆开架式，张松溪刚一举手，道士忽然不知去向。他感觉脑后有一个东西附在头上，左右闪摆都不能摆脱。

张松溪知道那一定是道士，便想用手挥去，无奈左抓右转，屡捣不着，便使玉环飞脚踢去，反被道士托住脚跟，将他掀翻在地。

张松溪知道遇到高人，便请求拜他为师。道士欣然答应，并说自己受张三丰先师之托，在此等候有缘之人传授武当剑法。道士给张松溪取了个道号称"丹崖子"，传给他武当下乘丹字第九字派。

武当剑术由祖师张三丰为护道降魔而创，分为九派三乘。上乘是偃月神术，即字、柱、极三字之派，中乘是匕首飞术，即符、鉴、七三字之派，下乘是长剑舞术，即釜、筹、丹三字之派。三乘共九字以

"神、飞、舞"三字贯于九派之中，即一生三，三生九的意思。

张松溪所学就是武当下乘丹字第九字派，其他八字派剑术因其剑术玄秘，又受道教自我封闭"宁可失传，不可误传"的约束及"道不乱讲、技不乱传"的原则，已经全部失传。

武当剑全套单练剑法为132式，包括起式、收式，分为6路，每路21式。在演练时可以分路也可以连续演练。为了演练方便，分路时有起式开头，后加收式结尾。如连续演练，第一路有头无尾，二、三、四、五路即无头无尾，第六路有收尾无开头，以保持一气呵成的完整体系。

武当剑系武当派内家剑法之一，在剑道中首次提出以精神和意念为先，先练内勇，再练外功，最后教以手法、步法和剑术。

一般剑术在剑术要领上要求"剑身合一"，而武当剑要求"神、剑、身"三者合一。身与剑合，剑与神合是武当剑技法的要领。由于强调以身运剑与剑神合一，所以在剑法运用上即要包括内家拳法的"太极腰、八卦步、形意劲、武当神"4种要领。

■武当功夫

■ 武当剑法

武当剑因在步法上展现闪展腾挪的轻灵便捷，所以要练八卦步。由于其虚领顶劲，含胸拔背，松腰活腕，气沉丹田，力由脊发，所以要练太极腰。而武当神是指，勇往直前如矢赴的，敌剑即动，我剑已到的大无畏精神。

只有以身运剑，身行如龙，剑行如电，步法灵活，身法柔韧，将神、意、气、力贯于剑法之中，意到、神到、剑到，力贯剑锋，气透剑端，才能体现武当的"神"，达到"剑神合一"的境界。

在战术原则上的特点是乘虚蹈隙，因敌变化，不拘成法，顺人之势，借人之力；以静待动，后发先至；避实击虚，以斜取正；迂回包抄，不接不截，不迎不架，凭空一击，无不命中。这就是"不沾青入红门"的内家剑法特点。

■ 武当剑法

武当剑素以丰富多变的剑法著称，不仅有前后左右之变，还有腾空击舞，滚翻地躺之法。动如轻风，稳如山岳，一发即至。

武当剑法，法无成法，因时制宜，因敌变幻，刚柔相济，虚实互用。练剑时外要掌握剑法基本要素，眼、手、身、步四法；内要掌握练剑精神，胆力、内劲、迅速、沉着，才能使内外精健，表现出武当剑的风格。

所谓眼法，是指剑法中的眼光。俗语说："练剑先练眼，练眼如闪电。"说明眼力的重要性。技击家说心为主帅，眼为先锋，剑未到而眼已到，敌未动眼已看见。

剑法中的眼光，不在久视，而在敏锐，善于观变，一瞬即明。手中之剑随之即到，要眼到、步到、身到、手到、剑到。如眼力不快，势必动作失调，贻

丹田 原是道教修炼内丹中的精气神时用的术语，有上中下三丹田：上丹田为督脉印堂之处；中丹田为胸中膻中穴处，为宗气之所聚；下丹田为任脉关元穴，脐下三寸之处，为藏精之所。古人称精气神为三宝，视丹田为储藏精气神的地方，有如"性命之根本"。

误时机，顾此失彼，瞻前而难顾后，动作缓授，动上忘下，达不到预期的目的。

所谓手法，是指动手的方法。击剑的手法与用刀、使鞭的手法稍有不同，而武当剑的手法更与普通执剑手法也不同。首先要运用全臂三节之法，肩节卸得下，肘节变得快，腕节圆活有力。执剑要灵活，在击刺时其剑才能活用玄妙。剑的敏捷灵活，全在手腕，手腕呆滞不能活用，等于无用。手法以圈、点、崩、刺练法提高掌指控制握剑能力，使剑力浑实完整。左手无论置于何处均为剑的辅助，要沉肩坠肘如半月状，使全身的劲不外泄。

所谓身法，是指剑法中进退变化的表现。剑在飞舞翔动时，身法也应该行如游龙，矫如飞凤，动作蜿蜒如蛇，变化奇正互生。身催剑往，剑随身转，身剑融为一体，不牵强，无停滞，要随机应变。其中含胸拔背、脊梁中正、活腰转身、气沉丹田均称为身法。

胸不含，背不拔，必然行动板滞不能变化得势。脊梁不正，四肢必然不正，动作方向也必不正确。腰不转身必不活，进攻而无力。气不沉丹田就不能久斗，而足也不稳。所以，身法为全身4个部位中最

武当剑法

重要的，与眼法、步法有密切的关系。

武当剑的步法，是身剑运转的基础，它的变化最广，也最快，比任何器械的步法更为精妙。在实战中，若步法不纯，身法手法虽精，仍不能克敌制胜。

武当剑以走化旋翻，轻快善变著称，速、稳、轻为其步法的三要素，如全脚掌贴地，起落行动就不快，功法不深者足掌行走时极不安稳，胯、膝、掌三节锻炼不绵软的人，腿即不轻灵速捷。

武当剑术四法的歌诀为："手到脚不到，自去寻烦恼；低头与弯腰，传授定不高；眼到脚手到，方可得玄妙"。

张松溪在四明山练剑3年才学成下山。明万历九年，即1581年，张松溪云游到山东泰安，发现此处有一个名叫赵太斌的武师正在摆擂台比武，就在泰安住了下来。他每天都去擂台观看比武，发现那个叫赵太斌的武师非常厉害，上台之人很多不到一招，就被他打下擂台。

擂台比武进行了3个月，竟然没有一个人能胜过赵太斌，张松溪心中暗暗称奇。这一天，擂台上已经没有人敢上去应战，张松溪轻轻地跳了上去。

赵太斌双手抱拳说："好汉请留下姓名！"

■ 武当太极道风

擂台 旧时武术家比武的台。擂，意即打击，是武术散手的早期竞赛形式。通常有两种：一为由主办者摆擂台，能武之士皆可上台与之较量，称为"打擂"；一为由主办者设台，比武者按报名程序上台较量，取胜者留在台上，以决出武艺最高强者，称为"擂台赛"。

张松溪一拱手说："打完再留不迟。"

赵太斌见状就伸拳来击，谁知对方身轻如燕，不见身动，却已转到他的身后。他忙扭身应对，身上早被对方点了一指。这一指没见对方用多大的力气，赵太斌却感觉痛彻心扉。就在赵太斌感觉疼痛的一刹那，背上又中了一掌，这一掌令赵太斌重重地摔了出去，一头栽倒在地上。

赵太斌知道自己遇上高人，急忙跪倒在地，口称："师父！"

张松溪将他扶起来说："不敢当，起来吧！"

赵太斌说："师父不收弟子为徒，我今天就不起来。"

张松溪说："此功夫是武当山三丰祖师所传，鄙人如何敢称师，你若是愿学，我可以教你，你以后叫我师兄就行了。"

赵太斌这才起来，恭恭敬敬地叫了一声："师兄！"然后，将张松溪请到家里，安置住下。张松溪在这里了解到赵太斌人品很好，尊贤爱老，便将剑术传授给了他。

3年后，赵太斌学成，张松溪飘然离去。

南尊的武当

阅读链接

关于武当剑第二代传人赵太斌，史料记载很少，只知道他是山东泰安人，曾经摆擂台比武，后来拜张松溪为师学习武当剑。还有就是他向湖北均县的王九成传授武当剑法的零星记录。

清顺治元年，即1644年，均县著名的武术家王九成向南洋贩货，一人一骑押货出行。一天，行至一片树林时，遭到两个匪徒拦劫。王九成奋力抵抗，几个回合后，渐渐不敌，就在他即将被杀之时，突然从林中飞出一人，仗剑一击，二匪招架不住，鼠窜而逃。王九成拜谢救命恩人时，才知道对方是武当剑传人赵太斌，别号丹云山樵。王九成当即就要拜他为师，赵太斌说："拜师不敢当，如果你真的想学习武当剑术，叫我师兄就行了。"后来便把剑术传给了他。

发扬光大

明末清初，黄百家拜内家拳大师王征南为师学习武当内家拳法。王征南去世后，黄百家亲自撰写《内家拳法》记录王征南所学，为传承和发展中国武术做出了重大贡献。

清嘉庆年间，董海川在安徽九华山受云盘老祖传授，学得道教武功，并结合自己的练武经历，自创八卦神掌，极大地丰富了内家功夫。

1882年，武当山内功大师邓钟山首开武当关门授徒戒律，开办武学堂，创立了武当派分支——武当南派。

黄百家著书传播内家拳

黄百家之父黄宗羲像

黄百家，字圭一，号不失，别号黄竹农家，明崇祯十六年，即1643年12月6日出生于浙江余姚通德乡黄竹浦一个书香世家。

他的父亲黄宗羲是明末清初经学家、史学家、思想家、地理学家、天文历算学家、教育家，与顾炎武、方以智、王夫之、朱舜水并称为"明末清初五大家"，有"中国思想启蒙之父"之誉。

黄百家幼年就拜内家拳大师王征南学习武功，王征南大

■ 内家拳功夫

发扬光大

师由于儿子夭亡，所以将自己的所学全部传授给了黄百家。

　　王征南去世后，黄百家的父亲黄宗羲亲自写作《王征南墓志铭》一文记述王征南的事迹，黄宗羲在这篇文章的开头写道：

　　　少林以拳勇名天下，然主于搏人，人亦得以乘之。有所谓内家者，以静制动，犯者应手即仆，故有别少林为外家……

　　黄百家在他的父亲撰写《王征南墓志铭》7年后，写有《王征南先生传》，内文有：

　　　征南先生有绝技，曰拳，曰射。就穿杨贯战善射者，古多有之，而惟拳则先生为

书香　古人为防止蠹虫咬食书籍，便在书中放置一种芸香草，这种草有一种清香之气，夹有这种草的书籍打开之后清香袭人，故称之为"书香"。书香亦可指书中文字的内容，而不仅仅是图书纸张、油墨及装帧中掺进的有形成分；亦指有读书先辈的人家，书香人家、世代书香；读书风气、读书习尚等。

■ 武当功夫

最。始自外家至少林，其术精矣。张三丰既精于少林，复从而翻之，是名内家，得其一二者，已足胜少林。

劲力 凡能抬举、提拉重物而不能运力达于四肢者，武术家称之为有"力"，但叫它"死力""拙力"。而能将全身之力运送于一拳一脚甚至一指之端者，武术家称之为有"劲"，也叫"劲力"。"劲"有透力，可由表及里；"力"无透力，仅及于表面。练武术讲究练的是"劲力"，而不是"死力、拙力"。

黄百家在这里主要说明的是其师王征南的拳技属于内家拳，此功夫有别于少林而胜于少林，源自张三丰对少林拳之吸收与改造。

除了《王征南先生传》外，黄百家还撰写了《内家拳法》，专门记录了王征南传下来的内家拳法。

黄百家所述的内家拳主要内容有六路和十段锦两套拳法及内家拳的练法、内家拳打法、内家拳心法、内家拳所禁犯病法等。

黄百家的《内家拳法》，是内家拳训练法则，它非常形象地说明了内家拳的训练要领。内家拳并非狭义上的一种拳术，而是泛指所有追求整体劲力的拳术。其发力是从人体内的腰脊开始，而不像外家拳打的是局部劲力，发力是从人体四肢开始的。

黄百家在《内家拳法》中写道：

> 不丁也不八，平视头略拔。腰要如束带，肩要卷紧压。二肘顾二肋，二股跨其夹。三尖要相照，劲力内心发。神清意自得，绳墨传无差。

"不丁也不八"，指的步子的要领。步子既不是"丁"字步，也不是"八"字步，而是介于"丁"字步和"八"字步之间，称为"丁八步"。"丁八步"的具体站法为前足基本直顺，后足成45°斜位，前后足相距约一肩，左右相距约一足宽。两腿都要弯曲成钝角，不可伸直。

丁八步是经过实战逐步完善的一种优秀步法，而弓步、马步、仆步、歇步、丁步、虚步在实战中逐渐被淘汰了，因其无多少实战价值。

"平视头略拔"，指的是头的要领。头要挺拔，所谓"虚领顶劲"，但头拔不可过分，否则

弓步 俗称弓箭步，用于桩功练习时，称为弓步桩。一腿向前方迈出一大步，约为脚长的4~5倍，同时膝关节弯曲，大腿近于水平，膝盖与脚尖垂直。另一腿挺膝伸直。两脚全脚掌着地，上体正对前方。左腿在前为左弓步，右腿在前为右弓步。要求前腿弓，后腿蹬；挺胸、塌腰、沉髋；两脚左右相距约一脚。

069

继承完善

发扬光大

■ 内家拳功夫

头颈僵硬，因此为"头略拔"。视线水平观敌，头直目正，不可左顾右盼，仰视俯视。

"腰要如束带"，指的是腰部要领，这里采用形象的比喻，腰如同束扎了一条宽边布带，由后向前束捆裹抱，使腰部阳面肌得到有效的锻炼，并和下肢连结成一个整体。

■ 打太极的老人

"肩要卷紧压"，指的是肩部要领。肩要卷起来，由外向里卷，而且要卷紧。在卷紧肩部时，最易产生"耸肩"，为了克服耸肩的毛病，所以特别强调"压"字。肩部的要领相对比较困难些，一般来说要经过较长时间才能真正掌握。

有不少人在站桩时尚能将肩卷起压下，可一旦试力发力就不自觉地耸起双肩。双肩一耸，必然使横膈膜发紧，而横膈膜一紧，形体都改变了。

"二肘顾二肋"，二肘要顾着左右两肋，对二肋进行有效的防护。不可"散"开肩架来胡抢乱打，街头打架往往是抢起胳膊来打，是典型的"散打"。

为了做到"二肘顾二肋"，可设想腋下夹一小球，肘向两边横撑开来。切不可将"二肘顾二肋"理解为二肘贴住二肋，或腋下夹的球过小，这样便没有多少回旋的余地，犯了

■ 内家拳雕塑

"肩架瘪了"的毛病，必然要被动挨打，很难有效地进行反击。

"二股跨其夹"，股，即大腿股骨，两大腿股骨要相争相合，相争表现为"跨"，有拉开的感觉，"开胯争裆"。还要"夹"，裆要圆，一般有夹球的意念，所以说二股的要领是既"跨"又"夹"，跨中有夹，夹中有跨，不可有任何偏向，一味"跨"，形成开裆散式的病态；一味"夹"，形成尖裆的毛病。不可不知，一般人很容易犯片面之病。

"三尖要相照"中的"三尖"指的是前手尖、鼻尖、前足尖。这"三尖"要相互照应，上下一条线，不可左右偏离。如果"三尖"不相照，必然使肩架散乱，而"内家拳"的本质特点就是"整"。"散"是"整"的大敌。

修炼 一般指修心炼身。道教贵生恶死，因而道教不但有修心的方法，还特别强调炼身的方法，强调心身并炼。"修"有整治、改正、修理之意。"炼"原指用加热等方法使物质纯净或坚韧，道家用来指炼丹等活动。"修炼"两字合用，多见于道家典籍。

武当内家拳表演

木匠 亦称"木工"。是一种古老的行业，他们以木头为材料，伸展绳墨，用笔画线，后拿刨子刨平，再用量具测量，制作成各种各样的家具和工艺品。木匠的祖师鲁班是少有的匠工，被称为"机械之圣"，对后世影响很大，被奉为木工、石工、泥瓦匠等工艺部门共同祖师，称他为"鲁班爷"。

肩架"散"，必然是四肢局部之动，是"散"打之动。所以，作为内家拳修炼者，要把"三尖相照"牢记于心，时时注意。

"劲由内心发"，是讲心意的主导作用，以形为基础，以意为统帅。发劲时，要先由心意发动，然后才是骨骼肌肉的爆发运动。如果心意没发动或没充分发动，就随手一击随足一踢，力量必然有限，一般人正是如此。

有些人在恐惧、慌乱中面对攻击者本能的反抗是拳打脚踢，这正是因为缺乏这种"劲由内心发"的意识刺激。能否"劲由内心发"，是能否"意与力合"的重要标志。

"神清意自得"，讲的是无论平时训练还是实战搏击，精神一定要清醒，神清气爽，不可萎靡不振，无精打采。不仅要掌握外形，更重要的要掌握内在神韵。精神自然开放，才能得心应手。

"绳墨传无差"，是说以上所谈要领、标准，要严格做到，丝毫不差，如木匠用墨线一样，不差分毫。师父传授内家拳给弟子，要按规矩，否则，失之毫厘，谬以千里。

师父要按规矩传授，弟子要规规矩矩地学习。只有按"绳墨传无差"的要求，才能保持内家拳学本来的风貌。

黄百家在《内家拳法》中还记录了王征南口述的内家拳"十四禁忌",即懒散、迟缓、歪斜、寒肩、老步、腆胸、直立、软腿、脱肘、戳拳、扭臀、曲腰、开门捉影、双手齐出等。

懒散,就是意识分散,杂念丛生,精神萎靡不振,垂头丧气,心驰外物,打拳时心猿意马。这些状态显然是不能练好拳的。

迟缓就是智慧不敏、感觉不灵、反应迟钝、动作滞涩,迟缓者只能被动挨打。

歪斜是指不守重心,头容不正,脊椎不正,肩不与胯合,肘不与膝合,手不与脚合,身体前俯后仰,左歪右斜,前后左右失衡。歪斜失重,难以聚力,难

墨 是书写、绘画的黑色颜料,后亦包括朱墨和各种彩色墨。在人工制墨发明之前,一般利用天然墨或半天然墨来作为书写材料。墨的发明大约要晚于笔。史前的彩陶纹饰、商周的甲骨文、竹木简牍、缣帛书画等到处留下了原始用墨的遗痕。我国考古发掘出来公元前14世纪的骨器和石器上已有墨迹,还从湖北云梦县发掘出来战国时期的墨块。

■ 练习内家拳的人群

印戳 即印章，在周朝时就有了。根据历代人民的习惯有印信、记、朱记、合同、关防、图章、符、契、押、戳子等各种称呼。其是用作印于文件上表示鉴定或签署的文具，一般印章都会先沾上颜料再印上，不沾颜料、印上平面后会呈现凹凸的称为钢印，有些是印于蜡或火漆上、信封上的蜡印。制作材质有金属、木头、石头、玉石等。

以形成有效的打击。

寒肩是指肘不能沉，肩不能松，肩胛紧锁，两肩高耸，就像是立于寒冬的北风之中一样。这样会导致气血不通，劲路不畅，造成上劲不能由脊发，贯劲于指梢，下不能虚胸盈腹，引气达丹田。

老步是指两腿虚实不明，步法迟涩不灵，上下难以相随，前进后退无方，折叠转换双重，举措张皇失措，就像年迈老人一样，用这种步击拳，后果可想而知。

腆胸就是努气挺胸，这样容易气涌胸际，神凝血滞，上重下轻，根脚拔起，被人一拳击倒。

直立就是僵直而立，全无戒备。这种状态不易施展自己的拳脚，却易被行动迅速者制服。

软腿就是软裆萎膝，叠步"过劲"，足膝偏撇，掀脚拔跟。"软腿"是属于下盘系列的问题，而下盘是平衡和支撑全身的根基，基础不扎实，不灵活，就好比空中楼阁。内家拳视软腿为大忌。

脱肘就是肘部悬扬，犹如肘关节脱臼一样。肘部举扬，肩、肘、腕等关节自然就难以松沉，容易造成气血阻塞，劲力滞涩，两臂无劲，劲不能由脊发，也不能贯于手指，强劲攻击。

戳拳就是腕骨不正，握拳不直，形如印戳，拳与前臂不在同一直线上，犹如脱榫的锤子一样。若用戳拳猛击敌人，遇到阻力，首先会使自己的腕关节扭断或扭伤，击人的力量也会大打折扣。

扭臀也叫"晃臀""摆臀""摇臀""游臀"，指臀部外突，或臀部时而前顺，时而后撅，或扭来扭去，犹如"游鱼摆尾"一样。扭臀致使发劲无定向，放劲失平衡，劲不能"专注一方"。

曲腰就是"点头哈腰"、中轴扭曲的样子。"曲腰"本身就属于"歪斜"的范畴。这里的内容可视作对"歪斜"的进一步说明。而内家拳术把"曲腰"单独视作一大忌，可见对它的重视了。

开门捉影就是撒开两臂，"正门"大开；探头探脑，如捕风捉影一样。胸腹为"正门"，将胸腹要害暴露于敌，轻则受伤，重则致命。"探头探脑"，一则形象不美，二则"首脑"暴露于敌，易为敌所乘；三则破坏了立身中正，更易产生一系列的连锁问题。

双手齐出就是用"两只拳头打人"，一发无余，不考虑后顾之忧。双手齐出的另一种表现为，两臂挺直，出手过远。内家拳行拳须周身内外三合，即各关节左右合住，上下对齐，两手两足等对称合住，手与足、肘与膝、肩与胯合住。这样就要求两臂不能挺直，出手太远，避免重心前移，被人乘

打内家拳的女性

势借力牵动，因失重心而跌仆，也避免被人乘机入侵。

内家拳十四禁忌，其实质是互相关联的，不能截然分割。深刻理解，真正明了它的内容，不但对学习掌握内家拳起到事半功倍的作用，而且还能掌握研究评判内家拳的重要尺度，使其向更高层次发展。

黄百家的《内家拳法》，除详细介绍了内家拳的打法和练法外，还写出了内家拳六路与十段锦的歌诀，并将歌诀的每一句话进行了解释，以使后人容易理解。

在黄百家之前，内家拳一直是口传心授，没有什么拳谱之类的东西，黄宗羲的《王征南墓志铭》和黄百家的《内家拳法》首次揭开了蒙在内家拳法上的神秘面纱，使世人开始了解和研究这门差点成为绝唱的独门功夫，黄氏父子的努力，使我国古代的这门武术绝技，继续在华夏大地开花结果，并发扬光大。

阅读链接

传说黄百家小时不爱读书，喜欢惹事，后来听说王征南的名字，他就闹着要去王征南的住地宝幢学习武艺。他的父亲没有办法，只好把他送到宝幢。王征南是武当派内家功夫的传人，对自己的功夫非常珍惜，他一直找不到合适的传人，因为武当功夫有五不传：即心险者不传、好斗者不传、狂酒者不传、轻露者不传、骨柔质钝者不传。但是，黄百家来后，王征南非常喜欢他，就决定将自己的功夫传给他。由于王征南的家里地方很小，他就在家旁的铁佛寺向黄百家传授武艺。

黄百家非常聪明，从师后，他不仅将武当功夫的应敌拳法、点穴方法、禁忌十四条全部学会，还把难以理解的武功歌诀记录下来，逐字逐句解释后再加以运用。王征南见了欣慰地说："我的功夫终于能够传诸后世了！"

董海川创立八卦掌术

在黄百家的《内家拳法》问世100多年后，在直隶文安县又出现一个内功高手，他就是八卦掌的创立者董海川。董海川，原名董明魁，清嘉庆二年，即1797年农历十月十三出生在直隶文安朱家务村的一个农民家庭。

董氏家族于明朝初年由山西洪洞迁至河北藁城，后分化出很多支系，其中一支迁至河北雄县开口村，到了董继德这一辈，董氏家族再度迁居文安富管营村，后因屡遭水灾，移居朱家务，从此安定下来，繁衍生息。

武当八卦掌

■ 太极八卦图

内功 是相对于外功而言的。指通过气的练习而成的，练气讲究呼吸吐纳，多用腹式呼吸法，精神集中，循序渐进，从而达到锻炼身体内部器官的目的。武术中可以提高耐力、战斗力和极强的自我保护作用等。

董继德有两个儿子，其中之一便是董海川的父亲董守业。董守业有3个儿子，老大德魁，老二明魁，也就是董海川，老三武魁。董海川小时跟"威名震河朔"的堂兄董宪朝夕相处，形影不离，他向堂兄学习武技，二人常往来雄县与文安以武会友。

董海川身体健壮，力量惊人，两只胳膊长得也比一般人长，到十六七岁的时候，因为家境贫寒，无法继续深造学业，就把全副精力都集中在对武功的钻研上，功夫不负苦心人，幼年的爱好使他打下了深厚坚实的武功功底。

清道光四年，即1823年，26岁的董海川为了丰富自己的阅历开始游历名山大川。他游吴越，过江皖，走巴蜀，足迹遍及大江南北，他到一处，访一处，拜访各地高人隐士及武林高手。

走过寒暑秋冬，越过崇山峻岭，四季的气候在变，身边的景致也在变。北方的山粗犷，南方的山灵秀，北方的河奔放，南方的河蜿蜒，就像武术一样，北方的武术大开大合，南方的武术注重细节，董海川深深地感到中国武术的博大精深。

有一天，当董海川来到安徽九华山时，由于山林里雾大，他迷路了。他在山林里转了一天一夜也找不到出路，第二天拂晓，正当他在树林里东撞西窜时，遇到一个道士踏歌而来。

董海川惊喜地上前施礼。道人还礼后，仔细地端

隐士 古代隐居的贤士。是指在道教崇尚自然思想的影响下，文人们放浪形骸的生活方式和谈尚玄远的清谈风气。隐士不是一般的人，是有才能、有学问、能够做官而不去做官也不作此努力的一些人。他们寻求诗意的栖居，反映出人性的一种回归，是对仕隐情结的一种解脱。

继承完善

发扬光大

■ 竹简书《易经》

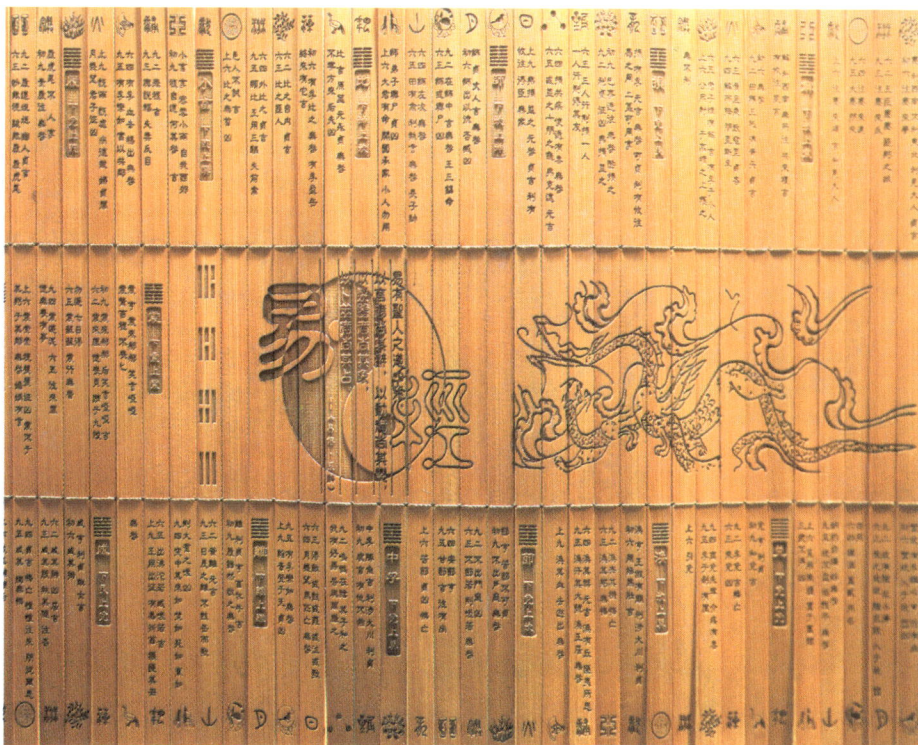

打坐 又称"盘坐""静坐",是一种养生健身法。闭目盘膝而坐,调整气息出入,手放在一定位置上,不想任何事情。打坐既可养身延寿,又可开智增慧。在中华武术修炼中,打坐也是一种修炼内功,涵养心性,增强意力的途径。

■ 太极功夫

详了他一番后说:"你我是有缘之人。"

董海川忙问:"此话怎讲?"

道人说:"你先说说你来此山的目的,我再告诉你不迟。"

董海川说:"我是想到名山大川寻访世外高人,学习武艺。"

道人听了哈哈大笑说:"所以说我俩是有缘之人。"

原来道人名叫云盘老祖,是一位精通内家拳法的武术大师。董海川听了道人的介绍,急忙拜倒在地,请求传授武功。后来在盘山道长的传授下,董海川学会了八易寒暑掌法、步法、单练及徒手器械。

董海川在这里首次接触到《易经》,知道了以阳爻和阴爻相配合而成的8个符号乾、坤、坎、离、震、艮、巽、兑,分别代表天、地、水、火、雷、山、风、泽,还知道了八卦互相搭配得到的六十四卦,可用来象征各种自然现象和人事现象。

他学习的八易寒暑法就是把八卦中的8个符号,作为8个方位用于武术技击。

每天练完功,董海川便在山洞里打坐。虽然闭着双眼,他依然可以感觉到斜射在身边的午后的光线，听到清凉的风声，还有树叶落地的刷刷声。此时，他的脑海里是飞舞的八卦符号和盘山道长传授的武术动作。

随着打坐的时间不断增加，董海川脑海里的武术动作渐渐清晰起来。八年后，董海川艺成下山。从雄县开口的翻子门拳到南方道教的转天尊、八易寒暑掌法，这些都成了董海川之后创编八卦掌的基础。

■ 打太极八卦拳的老人

这一天，董海川来到了河北灞州，正赶上这里一年一度的庙会，街市上到处都是熙熙攘攘的人群。董海川在街市上正在浏览琳琅满目的商品，忽然看见一个人欺负一位卖白蜡杆的老人，围观的人虽多却敢怒不敢言。

董海川一打听才知道，这个人是当地有名的恶霸，他心怀不平，上前劝解。歹徒不但不听劝阻，反而突然出手袭击董海川。

董海川一错步，轻轻闪过，对方扑了个空。这个人恼羞成怒，爬起来就朝董海川身上踢，董海川一把抓住对方脚脖子，轻轻往前一送，那人仰面朝天摔倒

知府 官名。宋代至清代地方行政区域"府"的最高长官。唐以建都之地为府，以府尹为行政长官。宋升大郡为府，以朝臣充各府长官，称以某官知某府事，简称知府。明以知府为正式官名，为府的行政长官，管辖所属州县。清沿明制不改。知府又尊称太守、府尊，亦称黄堂。

在地。

这人摔倒后，爬起来转身就跑，不一会儿工夫就找来20多人，他们个个手持兵器，杀气腾腾。董海川大喝一声，舞动白蜡杆四面迎击，打死、打伤多人。这时早有人报知瀛州知府，董海川被捕入狱。当天晚上，董海川抖动双臂将镣铐崩断，越狱潜逃。为避风头，他来到塞外张家口董玉家避难。

董海川在董玉家住了一段时间后，董玉托在清廷总管内务府当差的朋友保举，让董海川到肃王府去当了一名太监。据记载，清朝当太监的大多出自两个原因，一是自幼家境贫寒，以太监作为谋生之路。二因犯有重罪，净身当差可免于一死。

董海川在王府当差时，因为一个偶然的机会显露才华，受到王爷的重用。

这天，肃王大宴宾客，肃王府高朋满座，肃王心情非常好，叫来护院总管沙回回为大家演武助兴。肃王命董海川上茶，当时，人们都在围观沙回回表演，茶送不过去，董海川一急之下，手托茶盘，纵身跃上大殿，自殿前宾客桌前飘落，静无声息，茶水竟然一滴未洒。

肃王及宾客大吃一惊，大家都没有想到这个端茶送水的太监有如此好身手，于是都吵着让董海川表演。盛情难却，董海川练起了转掌之术，似行云如流水，脚步生风，时而翻身如雄鹰，时而转身如泼猴，时而跃起如小燕，变化万端。

在场的所有人都看得目瞪口呆，全场鸦雀无声。正在此时，董海川一个提气腾空，轻灵跃起数尺之高，如旋风旋转而下，落地无声。

随后，董海川又舞枪刺剑，变化百出。王爷问道："你学的是哪门哪派，师父是何人？"

董海川虽从师数年，却不知道师父的真实姓名，也不知道是什么派别，所以他脱口答道："我学的是八卦门，师父是安徽山中的一个

道人，具体姓甚名谁，我也不知道。"

■ 练太极的少年

王爷惊讶地说："你是得到了异人的传授啊！"随后就任命他为王府的总教习，让他授徒保卫王府。董海川从此就开始收徒传艺。王府外面想学艺的人听说了他的大名后，也投拜到他的门下，董海川一时名动京城。

有一次，董海川奉肃王的命令去塞外征粮，走到路上遇到十几个武士持利器攻击他，董海川四面抵挡，快如旋风，不一会儿就把他们全部打倒在地。这些人认为董海川是神人，全都拜他为师。董海川的大名由此又传到了塞外。

有一天，当时的太极拳名师杨露禅奉召在肃王

枪 在古代称作矛，为刺兵器，杀伤力很大，其长而锋利，使用灵便，取胜之法，精微独到，其他兵器难与匹敌，故称为"百兵之王"。武术长器械的枪由古代兵器矛演变而来。枪的长度约相当于人体直立，手臂伸直向上的高度。又因枪可以刺，收放极快，防不胜防，所以称兵中之贼。

府与府中拳师比武，他连战连胜，最后竟将一拳师击到园内的一张网上。这时董海川手托菜盘由此经过，立即飞身上网救起拳师。

随后，董海川与杨露禅相斗。一个是太极高手，一个是八卦宗师，在桩上你来我往，如蝴蝶翻飞，似流星划过，看得众人如醉如痴。

杨露禅在与董海川比武后感叹：“我与董先生比武只能比个平手，胜董海川很难。”

从此，太极、八卦这两大内家拳派的鼻祖级人物结为好友，也促进了太极八卦两大门派的交流沟通。

清光绪八年，即1882年冬，董海川在京城逝世，葬于北京东直门外小牛房村旁。殡葬之日，上百个徒弟执幡送葬，第二年，他的大弟子尹福为他树碑述志。董海川终生没有后代，然而他创立的八卦掌却传遍了大江南北。

阅读链接

关于董海川杀人逃亡的传说还有另外一个版本。传说董海川这一天来到苏州，正在欣赏小桥流水，忽然看见了苏州官府的一帮官差正在强抢民女。民女家哭天抹泪，场面非常凄凉。

董海川不知怎么回事，便向旁边的人打听，路人告诉他，这是苏州知府要强纳这个姑娘为妾。姑娘家不同意，但百姓怎么斗得过官府呢？这不，人家来明抢了。

董海川听了义愤填膺。为了搭救民女，他当夜闯进府衙，一掌结束了苏州知府的狗命，救出那个姑娘。可是杀害朝廷命官是重罪，一夜之间董海川成了被朝廷追捕的钦犯，他好不容易逃出苏州城，从此过上了居无定所的逃亡生活。

孙禄堂创立孙氏太极拳

1860年，河北完县一个穷苦人家刚刚产下一个男婴，家里人在欣喜之余，又盼望此子能长大成才，福寿双全，福禄满堂，于是为其取名福全。此子成人后字禄堂。

虽然孙禄堂天资聪颖，勤奋好学，但不幸他9岁丧父，家中更是一贫如洗，全仗老母辛苦支撑，才把他抚养成人。

孙禄堂自小喜爱武术，曾拜一位江湖拳师学习少林拳术，时间虽短，但他好学苦练，练得一身好功夫。11岁时，孙禄堂迫于生计，只得背井离乡，去保定一家毛笔店做学徒。

13岁时，孙禄堂拜河北拳师

孙禄堂画像

南
尊
的
武
当

■ 形意拳招式

郭云深 清代末年的一位武术名家。郭云深幼年习练拳术，后拜能然先生为师，昼夜练习数十年，深得形意拳之精义。后来练就绝技半步崩拳，以"半步崩拳打遍天下"而著称。清光绪三年（1877年）设教西陵，曾在宗室等地任教。以后游访南北，阅历颇多。

李魁元为师，学习形意拳，同时文武兼学。两年后，因其武艺出类拔萃，李魁元便把他推荐给自己的师父郭云深继续深造。

孙禄堂跟郭云深学形意拳8年，得形意真粹。后又经郭云深举荐进京城，跟八卦拳创立者董海川的大弟子程庭华学八卦拳，以及点穴、轻功、八卦剑、七星杆等绝技。

形意拳、八卦拳同属内家拳，其理相通，故孙禄堂仅习数月就得八卦拳之精微。他知道内家拳首推太极拳，故又想学太极拳。

当时在京的太极名家要推杨露禅了，于是他便拜会了杨露禅，讲好以自己的形意拳与他的太极拳交换，二人约好第二天早晨在某庙前相会，但到了那天，杨露禅并没有如期赴约，孙禄堂于是知道杨露禅并不愿意，只得作罢了。

程廷华为了使孙禄堂经风雨见世面，广识神州武林各派之精华，追本求源，挣脱师法樊篱，日后自成一家，便诚恳地劝他离师门去四海访艺。

1886年春，孙禄堂只身徒步游南北11个省，其间访少林，朝武当，上峨眉，闻有艺者必访之，逢人较技未遇对手。

1888年他返归故里，同年在家乡创办了蒲阳拳社。从此孙禄堂广收门徒，因其名声显赫，来拜师的很多。

1900年至1907年，孙禄堂继续经营蒲阳拳社，并且探究儒释道与拳学互证、互通之理。其间，清廷在京郊举行规模盛大的"天下英雄会"，邀集南北各派武林高手前来比试。经比试，孙禄堂技冠群雄。从此，他在武林中享有"虎头少保，天下第一手"的美誉。

太极八卦图

南尊的武当

■ 打太极的老人

1909年，俄国及欧洲格斗冠军、大力士、拳击家、柔道家彼得洛夫途经奉天，即沈阳，经俄公使馆提议在奉天设擂台，夸口天下无敌，拳打中华武林。

孙禄堂闻讯后非常气愤，决心前往打擂。到了擂前，只见那彼得洛夫身材高大，肌肉块块隆起，站在台中央宛如一座铁塔，正在口吐狂言。他为了显示武功，把铁链套在身上，一运功，就把铁链节节崩裂。嚎叫着："谁敢上台与我较量？胜者奖金牌！"

孙禄堂跳上擂台应战。彼得洛夫见孙禄堂像文弱书生，不以为意。两人约定，彼得洛夫先打孙禄堂三拳，孙禄堂再打彼得洛夫三拳。

彼得洛夫用足劲，第一拳打在孙的小腹上，如打在铁石上一般。心中不由大吃一惊，随即进一步运足劲，大吼一声，又猛击两拳，孙禄堂却仍如泰山一般，岿然不动。原来孙禄堂用的是气功，把气沉入丹田，所以小腹坚硬如石。

按理，彼得洛夫打过三拳后，轮到孙禄堂打彼得洛夫了，但他慌了手脚，心想若被他打，一定被打倒，于是，企图做垂死挣扎，就怪叫一声，扑向孙禄堂。孙禄堂见他来势凶猛，就运用内家拳的化劲法把它化掉了。

就这样，你来我往，只几个回合，彼得洛夫就被孙禄堂一拳打下

了擂台。台下观众掌声雷动，高呼："打得好！"

■ 功夫对打

这一仗，孙禄堂大长了中华民族的志气，大灭了洋人威风！

不久，大侠霍元甲南下上海挑战英国拳家奥皮音，特邀孙禄堂一同前往，为其压阵。孙禄堂预言，英国人必然不敢接战。霍元甲到上海后情形果真如此，由此对孙禄堂敬佩有加。

虽然孙禄堂已经在形意拳、八卦掌上达到登峰造极的境界，几乎打遍天下无敌手，但是仍对太极拳心仪已久，恰巧机会就来了。

武式太极拳第三代传承人郝为真去北京探望杨班侯，偶染风寒，孙禄堂马上请郝为真到家中，并热情款待，表达出想学太极拳的愿望。

当时郝为真70岁，孙禄堂也50岁了。当时的习俗，想学就得拜帖子，行师徒跪拜大礼。孙禄堂提出，要拆两三招看看。这个也是当时的旧俗，不试试

霍元甲 清末著名爱国武术家，他武艺出众，又执仗正义，继承家传"迷踪拳"绝技，先后在天津和上海威震西洋大力士，由农劲荪介绍来上海，在由陈公哲、陈铁生所创办的"精武体操会"中主教武术。霍元甲是一位家喻户晓的民族英雄，他的一生虽然短暂，却轰轰烈烈，充满传奇色彩。

师父的功夫就拜师，没有的事。

郝为真说："你先出招吧。"

孙禄堂人称"活猴"，身体瘦小精悍，一个"猴子摘桃"直奔中路攻进来。郝为真个头大，一个懒扎衣，双手将孙禄堂捧起来。孙禄堂顿时双脚离地，如小孩一般被捧起来，悬在空中。人称"虎头少保，天下第一手"的孙禄堂这才心悦诚服地递帖子，投于郝为真门下，成为武派太极拳最得意的弟子。

孙禄堂宗老子自然之道、合易筋洗髓两经之义、用周子太极图之形、取河洛之理、依先后易之数，终于将太极、形意、八卦三家合冶一炉，融会贯通，革故鼎新，创立了孙氏太极拳，卓然自成一家。

接着，孙禄堂开始撰写《太极拳学》。该书为太极拳发展史上第一部公开出版的著作。

孙禄堂在该书中指出，太极拳之本质不过是研求一气伸缩之道。形意拳、八卦拳亦如此。一气者即中和真一之气，由无极而生。

故拳学莫不是自虚而始再还于虚。形意、八卦、太极三拳用法不同，各有侧重，然其理则一也。于是揭示出形意拳、八卦拳、太极拳三门拳学在本质上的同一性和技术体系上的互融、互补性。

阅读链接

孙禄堂除撰写了《太极拳学》外，还先后著述《形意拳学》《八卦掌学》《拳意述真》《八卦剑学》《论拳术内外家之别》等重要专著和文章。孙禄堂一生以教拳为业，足迹遍及祖国各地。

天津的《大公报》评价道："合形意、八卦、太极三家，一以贯之，纯以神行。海内精技术者皆望风倾倒。……为人重然诺，有古风粹然之气见于面背。"北京的《京报》评价孙禄堂是"我国太极拳界唯一名手"。